中等职业教育课程改革创新教材
中等职业教育公共素质课系列教材

携手青春

——新生入学教育教程

主编　吴昌松

中国矿业大学出版社
·徐州·

图书在版编目（CIP）数据

携手青春：新生入学教育教程/吴昌松主编. —
徐州：中国矿业大学出版社，2023.10

ISBN 978-7-5646-6042-0

Ⅰ.①携…　Ⅱ.①吴…　Ⅲ.①中专生－入学教育－教材　Ⅳ.①G715

中国国家版本馆CIP数据核字(2023)第208741号

书　　名　携手青春——新生入学教育教程
主　　编　吴昌松
责任编辑　齐　畅
出版发行　中国矿业大学出版社有限责任公司
（江苏省徐州市解放南路　邮编221008）
营销热线　（0516）83884103　　83885105
出版服务　（0516）83995789　　83884920
网　　址　http://www.cumtp.com　E-mail: cumtpvip@cumtp.com
印　　刷　三河市龙大印装有限公司
开　　本　787 mm×1092 mm　1/16　印张　12.25　字数　213 千字
版次印次　2023 年 10 月第 1 版　2023 年 10 月第 1 次印刷
定　　价　36.00元

PREFACE 前言

中职新生入学后，有的人会出现迷茫、厌学等心理，有的人甚至会出现逃课、旷课、违纪等行为。这些主要是中职新生对新环境和新事物不适应造成的。怀揣着青春梦想进入学校之后，应该如何迅速适应新的生活角色，如何顺利地走向人生的辉煌，是每个中职新生不得不思考的问题。职业教育肩负着为我国产业大军培养技术技能型人才的使命，应凸显立德树人的特色。本书结合职业素质教育实际，以中职新生群体为对象，立足中职新生入学的实际情况，为更好地服务新生而编写。全书共七个模块，介绍了军事训练、社团活动、学习与执行力、职业生涯规划、个人修养提升、沟通技巧、社交礼仪和心理健康教育等知识。

本书具有以下特色。

（1）教学设计突出系统性。本书内容全面详细、通俗易懂，体例活泼，栏目丰富。本书从军训开始，分别围绕中职学生学习与生活、工作与交往、社会实践及未来发展等一系列问题展开叙述，力图成为中职新生的一份“快乐成长指南”，帮助中职新生尽快适应新的校园生活，为其步入社会打下坚实的基础。

（2）教学栏目体现职业性。本书从实用的角度出发，坚持以人为本，始终体现“以市场为导向、以学生为中心、以能力为本位、以特色促发展”的理念，以“自我诊断”“情境思考”等栏目来呈现问题情境、提炼学习要点，引导学生有意识地提高个人能力。

（3）**本书侧重实用性、实操性、可读性和融合性。**本书内容易于实践，便于学生在中职学习和生活中提升个人能力。与此同时，本书在“互联网 +”教材建设方面进行了积极的探索，设置了一些针对特定知识点的二维码，学生扫描二维码即可在移动端学习相关内容，实现随时随地学习。

本书由湖南省衡阳市职业中等专业学校吴昌松主编。在编写本书的过程中，编者参考了国内外专家、学者的相关著作和论述，在此谨对相关作者深表感谢！由于编者水平有限，书中难免存在不足之处，敬请广大读者批评指正。

编　者

CONTENTS

目录

模块一

军姿风采：学生军事训练

模块目标

素质目标：爱军拥军，树立当代中职生的良好形象，体现当代中职生良好的精神风貌。

知识目标：了解军训的规章制度，掌握单个队列和分队队列动作。

能力目标：在军训期间，严格要求自己，自觉接受军事化管理，虚心学习军队的好思想、好作风和好传统。通过作风的培养，增强自身的纪律性，形成纪律意识，做新时代遵纪守法的中职生。

思政树人

传承红色基因　汲取精神力量

1. 搭建“三个课堂”，加大党史学习教育力度

南宁市退役军人事务局立足自身实际搭建“三个课堂”，开展特色鲜明、形式多样的主题活动，助推党史学习教育走深走实。

（1）用好理论主课堂，在学思践悟中明理凝神。该局以党组理论学习中心组学习、“三会一课”等为载体，开展“党员大讲堂”活动，建立党组理论学习中心组学习“第一议题”制度，积极推动党员领导干部在学习教育中发挥示范带动作用。

（2）设置讨论分课堂，在明辨顿悟中增信固本。该局适时召开党组理论学习中心组研讨会，班子成员、二层单位主要负责人及各科室负责人结合各自的工作实际，围绕如何通过党史学习教育，进一步推动退役军人工作高质量发展讲认识、谋举措、谈建议，在感悟思想、传承精神中加强理论研讨和思想引导。

（3）融入传统“红课堂”，在踵武赓续中崇德强心。在百色起义纪念馆、陕甘边革命根据地照金纪念馆、人民公园革命烈士纪念碑、邓颖超纪念馆等红色教育基地，该局多次开展以“永远跟党走”为主题的主题党日活动，采取情景党课等学习教育形式，组织党员感悟革命精神，传承革命传统，锤炼党性意识；观看电影《建党伟业》、微纪录片《敢教日月换新天》等，引导广大党员重沐历史时刻、探寻先辈足迹，为“红课堂”再添新彩。

2. 讲好“三个故事”，拓展党史学习教育深度

讲好党的故事、革命的故事、英雄的故事是南宁市退役军人事务局推进党史学习教育走实走深的一大“利器”。该局通过开展“领航百年——党的故事我来讲”活动，按照党史发展脉络，选取10个具有代表性的作品，利用讲述情景剧的形式，围绕“四个历史时期”进行展现，结合工作和学习实际，把感悟最深、感受最真的一段党的历史深情分享给大家，点燃党员干部学党史的热情。

3. 发挥“三个优势”，提升党史学习教育厚度

该局组建了一支由有60年以上党龄军休干部组成的“老兵宣讲团”，开展“党史宣讲进社区　新老党员话初心”和“学党史进军营·忆峥嵘促双拥”等活动，见证新党员的入党宣誓，为新党员上好第一课，扣好“第一粒扣子”。老兵们还参加年轻党员“政治生日”活动，以党史微党课形式让共产党员的初心和使命薪火相传，传承对党忠诚的红色基因；退役军人“五老宣讲团”深入部队、机关、学校，讲党史、讲军史、讲国防，通过其见证、参加过的重大事件、重要战役、重大军事行动及非战争军事行动等，感染和影响广大党员群众；老兵们先后开展“老兵讲党课”宣讲活动75场次，受益听众约有1.2万人。

资料来源：周国兵、周若:《传承红色基因　汲取精神力量：南宁市退役军人事务局推动党史学习教育走深走实》,《广西日报》，2021年12月10日第7版。（收入本书时略有改动）

融入团队，与团队中的其他成员共同进步、共同提升，是每个人必须学会的事情。请分析自己是否具备团队意识与团队精神，结合自身现状，对表 1-1 中所列的各项指标进行选择与分析。

表 1-1　团队意识与团队精神测评表

团队指标	行为层级描述	你的选择	
		是	否
制订计划	虽不能领会企业的整体规划，但能根据自己的想法制订计划		
	在上级安排任务时对工作有大致的思考，能根据具体的要求制订计划		
	只要上级给出一个方向，就能主动安排自己的工作计划		
	能主动进行部门的工作规划，从长远和系统的高度安排工作		
沟通能力	能主动和其他部门沟通，认真倾听他人的表达		
	对他人的意图能准确理解和判断，并能及时给予反馈		
	能换位思考，处理好各项工作；能说服平级、上级接受自己的看法与意见		
	表达简明扼要，能快速、准确地理解对方的想法和要求，同时能说服他人接受某种看法与意见，施加自我影响力		
目标达成	在部门各项工作中墨守成规，工作业绩较差		
	能按照模板和规程推动日常工作顺利开展，达成日常工作目标		
	能在工作中积极思考，按照轻重缓急开展工作，能按照计划形成明显的阶段性成果		
	能对整个工作过程实现有效管理，积极探索新的工作思路方法，能达成极具挑战性的工作目标		
团队建设	定期召开团队会议，合理分配任务		
	采取积极措施，提升团队工作效率		
	采取行动为团队提供支持和发展机会		
	主动学习其他优秀团队的做法，引领团队建立卓越的团队行为模式		

表1-1（续）

团队指标	行为层级描述	你的选择	
		是	否
团队合作	团队意识较差，甚至散播谣言、挑拨是非		
	能和团队其他成员正常共事并进行工作交流		
	能和团队其他成员成为好的合作伙伴，共同促进		
	能影响和带动团队其他成员，形成个人魅力		
包容开放	愿意接纳新观念与新事物，能积极了解企业的变化与发展		
	能以积极的心态接受新观念和新知识，并乐意随时与团队其他成员分享这些新观念和新知识		
	能在团队内营造开言纳谏的氛围，乐于接受其他队员的客观意见，勇于开展自我批评并不断改正		
	当组织进行调整和变革时，能积极引导团队其他成员调整和适应，并在新形势下根据需求快速达成新的目标		
大局意识	只站在自身角度思考问题，谋求个人利益		
	在大多数时候能站在团队角度思考问题，以谋求团队利益为己任		
	能站在企业的角度思考问题，积极配合其他部门开展工作		
	能在企业遇到困难和危机时挺身而出，主动放弃自身利益		
敬业当责	在工作中常遇事推诿，逃避责任		
	仅能承担简单、重复性的工作		
	能对自己职责范围内的事负全部责任		
	主动担责，对于职责模糊、交叉性的工作也能主动承担		
风险控制	对风险发生的背景与原因了解不足，风险防范意识不强		
	当风险发生时，团队能采取一定的措施被动应对		
	当风险发生时，团队采取措施积极应对，并能有效地控制风险		
	能预见风险的发生，并采取相应的措施进行预防、规避		
共同提升	所在团队的成员不积极参加企业组织的各类培训和素质提升计划		
	能清楚地认识到团队其他成员的长处与短处，并进行有针对性的引导		

表1-1（续）

团队指标	行为层级描述	你的选择	
		是	否
共同提升	能定期对工作做阶段性的总结，并将心得和经验在后续工作中加以应用		
	能针对工作需求有针对性地总结和开发出成体系的课程，供团队其他成员学习与借鉴		

情境思考

团队的力量

在2022年女篮世界杯小组赛中，中国队取得三胜一负的战绩，提前一轮晋级八强。对阵韩国队、波黑队和波多黎各队，中国队在攻、防两端占据优势，净胜分相加达145分；对阵世界排名第一的美国队，中国队拼到了最后一节，几度将比分迫近。4场比赛，中国女篮打出了精彩的团队篮球，这是比胜利更可喜的比赛内容。

在大赛开局，中国女篮能够迅速进入状态实属不易。在备战世界杯期间，女篮姑娘经历了重重挑战：集训时间短、高水平比赛历练少、多名队员身体状况不佳……因为联赛任务，两名内线队员韩旭和李月汝直到8月才与球队会合，从而对球队的磨合也提出了更高要求。

团队的劲头使向一处，才能够在比赛中迸发强大的集体力量。在本届世界杯赛场上，中国女篮的团队性通过数据可见一斑：前4场比赛，中国队一共送出超过110次助攻，转化得分约占全队总得分的7成；12名队员悉数亮相，各有贡献，其中3场比赛全员上阵，对阵美国队时排出了11人的轮转阵容。中国女篮坚持团队篮球，让球队无论处于顺境或逆境都能做到节奏不慌不乱，攻防井井有条。

资料来源：王亮：《团队的力量，女篮的底气》，《人民日报》，2022年9月27日第15版。（收入本书时略有改动）

问题 如何才能将团队成员的心凝聚在一起，发挥最大的力量？

拆锦囊 古人说："能用众力，则无敌于天下矣；能用众智，则无畏于圣人矣。"一个人的努力是加法，一个团队的努力是乘法。没有完美的个人，只有完美的团队。团队合作在实现既定目标上具有很多优势，这是团队合作的重要原因。

第一节 军训制度

加强中职生军训，促进中职生系统掌握军事理论和军事技能，进而强化其国防意识和家国情怀，是中职学校实现立德树人根本任务、为国家培养高素质后备兵源的重要途径，对于加快推进国防和军队现代化建设、实现强国梦强军梦具有重要意义。

一、学生军训守则

中职生在军训期间要严格要求自己，自觉接受军队化管理，虚心学习军队的好思想、好作风、好传统；开展四讲活动，即讲纪律、讲团结、讲文明、讲风格。学生军训守则如下。

话题延伸

中职生军训存在着训练方式较为陈旧、训练氛围不够浓厚、训练保障服务不足、训练内容融入不够等现实隐忧，影响了军训育人目的的实现。对此，你有什么好的建议？

（1）热爱祖国，加强国防观念，积极参训，促进德、智、体全面发展。

（2）服从领导，一切行动听指挥。

（3）勇敢顽强，吃苦耐劳，积极参加军政训练，不断提高军政素质。

（4）执行军队条令条例、规章制度，服从管理，严守纪律。

（5）认真执行各项勤务，尽职尽责，坚守岗位。

（6）艰苦奋斗，勤俭节约，爱护公物。不丢失、损坏装备器材，不在建筑物和各种设施上涂写刻画。

（7）讲文明懂礼貌，尊重领导、老师和教官，团结互助，爱护集体荣誉。

（8）严格遵守保密守则和安全规定，预防各种事故发生。

（9）讲究卫生，不随地吐痰，不乱扔瓜果皮核、纸屑等，保持室内外清洁。

二、生活作息制度

中职生在军训期间的生活作息制度见表 1–2。

表 1–2　生活作息制度

观点	解读
起床	听到起床铃（号）后，全体人员（除病员外）应立即起床（值班人员应提前10分钟起床），按规定着装，迅速做好出操准备。未经军训大队首长允许，不得提前或推迟起床。若前一天的集体活动造成熄灯时间推迟超过1小时，则由大队首长确定推迟次日起床时间
早操	早操以中队为单位进行跑步或队列训练。因天气情况不能进行时，可组织整理内务、打扫卫生或其他集体活动。早操时间通常为30分钟。除公差勤务人员和全休病员外，其余人员都要参加早操，半休病员到场可不参加训练。听到出操号令后，中队值班员应迅速集合整队、清查人数，向军训教官和中队长报告，由军训教官和中队长带队到指定场地出操
整理内务和洗漱	早操后，整理内务、清洁卫生和洗漱时间不超过30分钟。中队值班员要协助中队长检查并整理本班的内务卫生，中队长每周至少要组织3次全中队内务卫生检查
开饭（早、中、晚饭）	按规定时间准时开饭。开饭前，以中队为单位整队到食堂门口唱歌，有秩序地集中就餐，就餐时保持肃静，餐毕自行离开
操课	操课前，应按科目内容做好准备工作，以中队为单位集合整队，清查人数，检查着装和训练器材，带队到教室或训练场后，由中队长向授课教官报告。操课中，要认真听讲，专心操练，遵守纪律，严防发生事故。当操课科目改变或转换训练场地时，应迅速做好训练器材、装备交接工作，快速有序地转换场地。操课结束后，应检查装备和训练器材，集合整队，由军训教官讲评后集体带回
午睡（午休）	在午睡时间，除执勤人员外，其余人员必须停止各种活动，卧床休息，保持安静，严禁到处闲逛、打闹。中队值班员在午睡时间要检查全班人员的休息情况，对大声喧哗、来回走动的零散人员要进行制止，令其赶快休息。在午睡起床后，全体人员应按规定迅速整理好内务，做好操课准备
课外活动	中队每周必须安排学生进行适当的课外活动，并使学生有处理个人事务的时间。在课外活动期间，由军训大队统一安排文体活动或自由活动

表1-2（续）

观点	解读
晚点名	晚点名以中队为单位于就寝前列队进行，通常每日点名一次，时间不超过15分钟；星期日，中队也必须点名。晚点名的内容包括：清点人数，讲评当天的情况，表扬好人好事，指出存在的问题，宣布次日工作或传达命令、指示。在晚点名前，军训教官和中队长应商定内容。晚点名由中队长集合整队，清查人数，并向军训教官报告。在唱名清点人员时，当听到呼名时，学生应立即答“到”，未到者由中队长说明原因
就寝	中队值班员在发出熄灯信号前10分钟发出准备就寝信号，督促全中队人员做好就寝准备工作。在听到熄灯信号后，学生应立即熄灯就寝，不准讲话、吸烟、打手电筒、点蜡烛，要保持安静，就寝时要将衣物放置整齐

三、内务卫生制度

内务卫生制度以大队为单位统一规定。内务卫生要求清洁整齐、统一有序，符合公寓化管理要求，便于长期坚持。

床单要清洁、平整，被子要叠成长 50 ～ 55 厘米、宽 40 ～ 45 厘米的方块，置于床的一端中间。蚊帐按规定统一挂放。褥子下面禁止放杂物、书籍等。

床铺下的鞋子放置在一条线上，茶缸、牙刷、毛巾、水瓶、脸盆、箱包必须统一摆放整齐。

室内严禁张贴纸、画，墙面不准钉钉子。课表、作息时间表、轮流值日表应贴在门后。

室内外地面应清洁，严禁在室内、走廊乱扔果皮、纸屑，严禁燃烧废纸，严禁向楼道和窗外泼水、倒垃圾。

不准随地吐痰，严禁在桌面、室内外墙壁上乱写乱画。

建立卫生清扫值日制度，保持室内外清洁整齐、美观卫生。

“豆腐块”被子折叠步骤

1. 准备

在叠“豆腐块”被子之前先将被子放在平坦的床面或地面上，然后将被子铺开铺平，在被子宽略小于三分之一处进行折叠，在另一端的三分之一处进行同样的折叠。注意，要一边折叠一边整理，最好不要让被子表面出现褶皱。这样，“豆腐块”被子表面会更加整洁，视觉效果也会得到很大提升。

2. 折叠

折叠“豆腐块”被子，应将折叠处的宽度适当延长一些，但不要超过10厘米，并沿着隆起部位向上折叠。

3. 整理

在叠“豆腐块”被子的过程中，整理是一定不能缺少的，这样可以在很大程度上提升整床被子的整洁度。在整理的过程中要将被子的八个角都折出来，形成一个方方正正的“豆腐块”(见图1-1)。在整理过程中，要注意使被子的边缘线条一定在一条直线上。

图1-1 “豆腐块”被子

第二节 单个队列动作训练

一、立正、稍息和跨立

(一) 立正

立正是军人的基本姿势，是队列动作的基础。军人在宣誓、接受命令、进见首长和向首长报告、回答首长的问话、升降国旗和军旗、奏国歌和军歌等严肃庄重的时机与场合，均应当自行立正。

口令：立正。

动作要领：两脚脚跟靠拢并齐，两脚脚尖向外分开约60°，两腿挺直，小腹微收，自然挺胸，上体正直且微向前倾，两肩要平稍向后张，两臂下垂自然伸直，手指并拢自然微曲，大拇指指尖贴于食指第二关节处，中指贴于裤缝，头要正，颈要直，口要闭，下颌微收，两眼向前平视。

（二）稍息

稍息是单个军人队列站法中的一种，用于长时间站立。

口令：稍息。

动作要领：左脚顺脚尖方向伸出约全脚长的三分之二，两腿自然站直，上体保持立正姿势，身体重心大部分落于右脚。稍息过久，可以自行换脚。

（三）跨立

跨立主要用于军体操、执勤和舰艇上分区列队等场合，可以与立正互换。

口令：跨立。

动作要领：左脚向左跨出约一脚距离，两腿挺直，上体保持立正姿势，身体重心落于两脚之间，两手后背，左手握右手腕，拇指根部与外腰带下沿同高，右手手指并拢自然弯曲，手心向后。

二、停止间转法

停止间转法是停止间变换方向的方法，分为向右转、向左转、向后转，需要时也可以半面向右转和半面向左转。

（一）向右（左）转与半面向右（左）转

口令：向右（左）——转、半面向右（左）——转。

动作要领：听到口令后，以右（左）脚脚跟为轴，右（左）脚脚跟和左（右）脚脚掌前部同时用力，使身体协调一致地向右（左）转 90°，身体重心落在右（左）脚上，左（右）脚取捷径迅速向右（左）脚靠拢，呈立正姿势。在转动和靠脚时，两腿挺直，上体保持立正姿势。

半面向右（左）转，即按照向右（左）转的要领转 45°。

（二）向后转

口令：向后——转。

动作要领：按照向右转的动作要领向后转 180°。

三、坐下、蹲下和起立

（一）坐下

口令：坐下。

动作要领：左小腿在右小腿后交叉，迅速坐下（在坐凳子时，听到口令后，左脚向左分开约一脚之长），手指自然并拢放在两膝上，上体保持正直。

（二）蹲下

口令：蹲下。

动作要领：听到口令后，右脚后退半步，前脚掌着地，臀部坐在右脚脚跟上（膝盖不着地），两腿分开约60°，手指自然并拢放在两膝上，上体保持正直。蹲下过久，可自行换脚。

（三）起立

口令：起立。

动作要领：全身协力迅速起立，呈立正姿势。

四、敬礼和礼毕

口令：敬礼、礼毕。

动作要领：听到“敬礼”口令后，上体正直，右手取捷径迅速抬起，五指并拢自然伸直，中指微接帽檐右角前约2厘米处（戴无檐帽或者不戴军帽时，中指微接太阳穴，与眉同高），手心向下，微向外张（约20°），手腕不得弯曲，右大臂略平，与两肩略成一条直线，同时注视受礼者。听到“礼毕”口令后，将手取捷径放下。

五、整理着装

整理着装通常是在立正的基础上进行的。

口令：整理着装。

动作要领：双手从帽子开始，自上而下，将着装整理好，必要时可相互整理。整理完毕，自行稍息。听到“停”口令后，恢复立正姿势。

六、行进

行进的基本步法分为齐步、正步和跑步。

（一）齐步的行进与立定

齐步是军人行进的常用步伐。

口令：齐步——走、立——定。

动作要领：听到口令后，左脚向正前方迈出 75 厘米，按照先脚跟后脚掌的顺序着地，同时身体重心前移，右脚照此法动作，上体保持正直且微向前倾，手指轻轻握拢，大拇指贴于食指第二节，两臂前后自然摆动。当向前摆臂时，肘部弯曲，小臂自然向里合，手心向内稍向下，大拇指根部对正衣扣线，并与最下方衣扣同高，离身体约 25 厘米。当向后摆臂时，手臂自然伸直，手腕前侧距裤缝线约 30 厘米。齐步走的行进速度为每分钟 116 ~ 122 步。

听到“立定”口令后，左脚向前大半步后着地（脚尖向外约 30°），两腿挺直，右脚取捷径迅速靠拢左脚，呈立正姿势。

（二）正步的行进与立定

正步主要用于分列式和其他礼节性场合。

口令：正步——走、立——定。

动作要领：左脚向正前方踢出约 75 厘米（腿要绷直，脚尖下压，脚掌与地面平行，离地面约 25 厘米），适当用力使全脚掌着地，同时身体重心前移，右脚照此法动作，上体保持正直且微向前倾，手指轻轻握拢，大拇指伸直贴于食指第二关节。向前摆臂时，肘部弯曲，小臂略呈水平，手心向内稍向下，手腕下沿摆到高于最下方衣扣约 10 厘米处，离身体约 10 厘米。当向后摆臂时（左手手心向右，右手手心向左），手腕前侧距裤缝线约 30 厘米。正步走的行进速度为每分钟 110 ~ 116 步。

听到“立定”口令后，左脚向前大半步后着地（脚尖向外约 30°），两腿挺直，右脚取捷径迅速靠拢左脚，呈立正姿势。

（三）跑步的行进与立定

跑步主要用于快速行进。

口令：跑步——走、立——定。

动作要领：听到预令后，两手迅速握拳（四指卷握，大拇指贴于食指第二关节和中指第二关节），提到腰际，约与腰带同高，拳心向内，肘部稍向里合。听到动令后，上体微向前倾，两腿微弯，同时左脚利用右脚掌的蹬力跃出约 85 厘米，前脚掌先着地，身体重心前移，右脚照此法动作，两臂前后自然摆动。在向前摆臂

时，大臂略垂直，肘部贴于腰际，小臂略平，稍向里合，两拳内侧各距衣扣线约 5 厘米。在向后摆臂时，拳贴于腰际。跑步的行进速度为每分钟 170 ～ 180 步。

听到“立定”口令后，再跑两步，左脚向前大半步（两拳收于腰际，停止摆动）后着地，右脚靠拢左脚，同时将手放下，呈立正姿势。

七、辅助步法

辅助步法分为踏步、便步和移步。

（一）踏步

踏步用于调整步伐和整齐度。

停止间口令：踏步——走。

行进间口令：踏步。

动作要领：两脚在原地上下起落（抬起时，脚尖自然下垂，离地面约 15 厘米；落下时，前脚掌先着地），上体保持正直，两臂按齐步或跑步的动作要领摆动。

听到“前进”口令后，继续踏两步再换齐步或跑步行进。

听到“立定”口令后，左脚踏一步，右脚向左脚靠拢，原地呈立正姿势。

（二）便步

便步用于行军、操练后恢复体力及其他场合。

口令：便步——走。

动作要领：用适当的步速、步幅行进，两臂自然摆动，上体保持良好姿态。

（三）移步（5 步之内）

移步用于调整队列位置。

口令：右（左）跨 × 步——走、向前 × 步——走、后退 × 步——走。

动作要领：听到“右（左）跨 × 步——走”口令后，上体保持正直，每跨一步并脚一次，其步幅约与肩同宽，跨到指定的步数停止。

听到“向前 × 步——走”口令后，按单数步要领进行（双数步变换成单数步）。向前一步走时，用正步，不摆臂；向前三步、五步走时，按齐步走的要领进行。听到“后退 × 步——走”口令后，从左脚开始，每退一步靠脚一次，不摆臂，退到指定步数停止。

第三节　分队队列动作训练

一、集合

集合是使单个军人、分队、部队按照规范队形聚集起来的一种队列动作。集合时，指挥员应当先发出预告或者信号，如“全连（×排）注意”，然后站在预定队形的中央前方，面向预定队形呈立正姿势，下达“成××队——集合”口令。

话题延伸

所属人员听到预告或者信号后，原地面向指挥员呈立正姿势；或听到口令后，跑步到指定位置面向指挥员集合（在指挥员后侧的人员应当从指挥员右侧绕过），自行对正、看齐，呈立正姿势。

（一）班集合

口令：成班横队（二列横队）——集合。

动作要领：基准兵迅速到班长左前方适当位置，呈立正姿势；其他士兵以基准兵为准依次向左排列，自行看齐。

成班二列横队时，单数士兵在前，双数士兵在后。

口令：成班纵队（二路纵队）——集合。

动作要领：基准兵迅速到班长前方适当位置，呈立正姿势；其他士兵以基准兵为准依次向后排列，自行对正。

成班二路纵队时，单数士兵在左，双数士兵在右。

（二）排集合

口令：成排横队——集合。

动作要领：基准班在指挥员前方适当位置成班横队迅速站好；其他班成班横队，以基准班为准依次向后排列，自行对正、看齐。

口令：成排纵队——集合。

动作要领：基准班在指挥员右前方适当位置成班纵队迅速站好；其他班成班纵队，以基准班为准依次向右排列，自行对正、看齐。

（三）连集合

口令：成连横队——集合。

动作要领：队列内的连指挥员或者基准排在指挥员左前方适当位置成横队迅速站好；各排和连部成横队，以连指挥员或者基准排为准依次向左排列，自行对正、看齐。

口令：成连纵队——集合。

动作要领：队列内的连指挥员或者基准排在指挥员前方适当位置成纵队迅速站好；各排和连部成纵队，以连指挥员或者基准排为准依次向后排列，自行对正、看齐。

口令：成连并列纵队——集合。

动作要领：队列内的连指挥员或者基准排在指挥员左前方适当位置成纵队迅速站好；各排和连部成纵队，以连指挥员或者基准排为准依次向左排列，自行对正、看齐。

二、离散

离散是使列队的单个军人、分队、部队各自离开原队列位置的一种队列动作。

（一）离开

口令：各连（排、班）带开（带回）。

动作要领：队列中的各连（排、班）指挥员带领本队迅速离开原队列位置。

（二）解散

口令：解散。

动作要领：队列人员迅速离开原队列位置。

三、整齐

整齐是使列队人员按照规定的间隔、距离保持行、列整齐的一种队列动作。整齐分为向右（左）看齐和向中看齐。

口令：向右（左）看——齐、向前——看。

动作要领：基准兵不动，其他士兵向右（左）转头，眼睛看右（左）邻士兵腮部，前四名士兵能通视基准兵，自第五名士兵起，以能通视到本人右（左）侧第三人为度。后列人员先向前对正，后向右（左）看齐。听到“向前——看”口令后，所有士兵迅速将头转正，恢复立正姿势。

口令：以 ××× 为准（或者以第 × 名为准），向中看——齐；向前——看。

动作要领：当指挥员指定“以 ××× 为准（或者以第 × 名为准）”时，基准兵答“到”，同时左手握拳高举，大臂前伸，与肩略平，小臂垂直举起，拳心向右。听到“向中看——齐”口令后，其他士兵按照向左（右）看齐的动作要领实施。听到“向前——看”口令后，基准兵迅速将手放下，其他士兵迅速将头转正，恢复立正姿势。

在要求一路纵队看齐时，指挥员可以下达“向前——对正”口令。

四、报数

口令：报数。

动作要领：横队从右至左（纵队由前向后）依次以短促、洪亮的声音转头（纵队向左转头）报数，最后一名士兵不转头。数列横队时，后列最后一名士兵报“满伍”或者“缺 × 名”。在连集合时，由指挥员下达“各排报数”口令，各排排长在队列内向指挥员报告人数，如“第 × 排到齐”或者“第 × 排实到 ×× 名”。

五、出列和入列

单个军人和分队出、入列通常用跑步（五步以内距离用齐步，一步距离用正步），或者按照指挥员指定的步法执行，待进到指挥员右前侧适当位置或者指定位置后，面向指挥员呈立正姿势。

（一）单个军人出列和入列

1. 出列

口令：×××（或者第 × 名），出列。

动作要领：出列军人听到呼点自己的姓名或者序号后应当答“到”，听到“出列”口令后应当答“是”。

（1）位于第一列（左路）的军人按照本条上述规定取捷径出列。

（2）位于中列（路）的军人向后（左）转，待后列（左路）同序号的军人向右后退一步（向左后方退一步）让出缺口后，按照规定从队尾（纵队时从左侧）

出列；位于缺口位置的军人待出列军人出列后即复原位。

（3）位于最后一列（右路）的军人先退一步（右跨一步），然后按照本条有关规定从队尾出列。

2. 入列

口令：入列。

动作要领：听到“入列”口令后，应当答“是”，然后按照与出列相反的程序入列。

（二）班、排出列和入列

1. 出列

口令：第 × 班（排），出列。

动作要领：听到“第 × 班（排）”口令后，由出列班（排）的指挥员答“到”；听到“出列”口令后，由出列班（排）的指挥员答“是”，并用口令指挥本班（排）按照规定，以纵队形式从队尾（位于第一列的班取捷径）出列。

2. 入列

口令：入列。

动作要领：听到“入列”口令后，由入列班（排）指挥员答“是”，并用口令指挥本班（排）以纵队形式从队尾（位于第一列的班取捷径）入列。

六、行进和停止

横队和并列纵队行进以右翼为基准，纵队行进以左翼为基准（一路纵队行进以先头为基准）。

（一）行进

口令：× 步——走。

动作要领：听到口令后，基准兵向正前方前进，其他士兵向基准翼标齐，保持规定的间隔、距离行进。纵队行进时，排、连通常成三路纵队，也可以成一、二路纵队。行进中，需要用“一二一”（调整步伐的口令）、“一二三四”（呼号）或者唱队列歌曲来保持步伐的整齐和振奋士气。

（二）停止

口令：立——定。

动作要领：听到口令后，按照立定的要领实施，分队的动作要整齐一致。停止后，听到“稍息”口令时，先自行对正、看齐，再稍息。

学生军训考核及评比条例

1. 考核科目

军训期间的考核以实践教学内容（军事技能）为主，理论教学内容（军事知识）为辅。凡是学习过的内容都在考核范围内。

2. 集体项目评比

集体项目评比以中队为单位进行阅兵式表演、内务评比、会操比赛三项总评，按比例评选，授予“军训先进集体”称号。

3. 个人项目评比

对于军训中军训成绩好、作风养成好、内务卫生好，遵守纪律、团结互助，出色完成领导、教官、教师交给的各项任务，起到文明示范作用者，各班级按比例评选，授予“军训先进个人”称号。

具体要求：军训中组织纪律观念强，训练中一切行动听指挥，令行禁止，雷厉风行，成绩较突出；训练刻苦，动作准确、规范，会组织指挥，会示范，会纠正动作，熟悉队列条令，有良好的军姿，队伍考核成绩优秀；熟悉内务条令要求，严格遵守内务管理规定，积极主动地参与本宿舍内务卫生整理，内务检查成绩突出。

考核等级分为优秀、良好、合格、不合格四等。

注意事项：

（1）有旷课现象或者病假、事假超过 8 节者，考核等级不能评为优秀。

（2）旷课超过 3 节或者缺勤（含请假）总课时超过 16 节者，考核等级不能评为良好。

（3）有以下情形之一者，考核等级为不合格。

① 无故不参加训练（含教育活动）达 10 节者。

② 旷课，病假、事假累计总课时超过 30 节者。

③ 训练期间态度不端正、训练不认真或不服从管理、指挥者。

④ 军训期间违反校规校纪或其他经军训教官和负责教师认定为不合格者。

4. 评选时间

每次军训结束前两天完成先进个人的推荐评选工作，队列会操表演前完成先进集体的评选工作，并在会操结束后公布。

5. 奖励

先进集体颁发奖状，先进个人颁发荣誉证书。

队列训练

训练目标：通过正确实施队列训练，使学生掌握队列动作的基本要领，形成良好的军姿、严整的军容、协调一致的动作、严格的组织纪律性、良好的军人作风，培养顽强拼搏和集体主义精神。

训练场地：室外开阔平坦地。

训练步骤：

（1）单个军人队列动作训练。

（2）分队队列动作训练。

训练方式：

1. 讲解示范

在讲解示范时，通常由教官以熟练的讲解，把动作的结构、运动过程、要求详细地加以说明，再配以准确、协调的动作示范，将《中国人民解放军队列条令（试行）》中规定的动作要领直接、形象地展示给学员。正确的示范动作不仅可以使学员建立正确的动作表象，还可以提高学员练习的兴趣。

2. 组织练习

组织练习时应分步细训，注重打牢基础，对难度大、不易掌握的动作要反复练习，并按质量标准逐项检查验收，以巩固知识、掌握技能。练习的方法要根据教学对象、教学内容、教学时间和教学场地等因素确定。

结果考核：

1. 考核场地

室外 200 平方米平整的训练场地上。

2. 考核方法

应考学员按顺序进入抽签位置，在考试教官点名后逐次抽签。此时，负责抽签的教官应在成绩登记表上注明应考学员所抽到的题号。

3. 考核评定

队列动作考试一般每个考场设两名教官，分主考教官和助考教官。在应考学员进行作业时，主考、助考教官应依据评分标准对应考学员的作业情况做出公正的成绩评定。成绩评定后不准涂改。评分标准为军容严整，着装整齐，姿态端正，精神振奋，动作熟练、准确、协调，作风严肃，遵守队列纪律。

4. 考核讲评

待应考学员全部作业完毕后，由负责组织考试的教官进行考核讲评。讲评内容通常包括考场秩序、应考学员对所学内容的掌握情况、考试中发现的问题及以后应注意的问题等。

自我评价

通过本模块的学习与训练，你对参加团队协作有了哪些感悟？请根据自身的表现仔细思考表 1-3 中的“自我评估问题”，为自己在团队中的表现打分。

表 1-3　自我团队合作能力评估

项目	描述	结果
自我评估问题	（1）你在什么时候鼓励过他人畅所欲言或表达自己的观点？	
	（2）你是在什么时候把团队目标放在自己的目标之前？	
	（3）在过去的3个月里，你和团队面临的最大挑战是什么？	
	（4）在解决上述挑战中，你扮演什么角色？	
	（5）在过去的3个月里，你和团队最大的成就是什么？	
	（6）在上述所取得的成就中，你扮演什么角色？	

表1-3（续）

<table>
<tr><th>项目</th><th>描述</th><th>结果</th></tr>
<tr><td rowspan="2">自我评估问题</td><td>（7）团队成员是否经常向你寻求建议或意见？</td><td></td></tr>
<tr><td>（8）你上一次给团队成员积极的反馈是在什么时候？</td><td></td></tr>
<tr><td rowspan="5">团队合作能力等级评价</td><td>优秀：
（1）善于与他人合作共事，相互支持，并充分发挥各自的优势。
（2）能够营造良好的团队工作氛围。
（3）能够主动帮助团队其他成员解决问题，积极鼓励团队成员充分协作，妥善解决团队内的冲突。
（4）培养团队的荣誉感</td><td></td></tr>
<tr><td>良好：
（1）能够与他人合作共事，相互支持，保证团队的任务完成。
（2）能够赞扬团队其他成员的成绩，通过适当的形式在一定程度上鼓励和激发团队其他成员的信心与勇气</td><td></td></tr>
<tr><td>一般：
（1）具备一定的合作精神，能够和他人配合完成工作。
（2）对团队有积极的心态，能够与他人分享知识和经验，但程度不深</td><td></td></tr>
<tr><td>较差：
基本能与团队其他成员和平相处和共事，能发挥一定的作用，但团队精神不强，已对工作造成不良影响</td><td></td></tr>
<tr><td>很差：
（1）很少与团队其他成员合作或不能配合他人工作，过分强调个人主义，已对工作造成严重影响。
（2）不能有效地发挥自身作用，而且无法保持良好的团队工作氛围</td><td></td></tr>
</table>

模块二

勤学好思：开启快乐人生

模块目标

素质目标：学会适应环境，成为一个勤学好思的人。

知识目标：了解校园环境与社团活动，学习的含义；掌握实现高效学习的方法和提升个人执行力的方法。

能力目标：能够快速适应环境，学会独立处理生活琐事，学会制订科学合理的学习计划，能够培养自主学习的能力。

思政树人

展现青春的朝气锐气

“青年如初春，如朝日，如百卉之萌动，如利刃之新发于硎，人生最可宝贵之时期也。”百余年前，《青年杂志》的发刊词以热情洋溢的比喻赞美青年。从“自古英雄出少年”的传统到“长江后浪推前浪”的情怀，从“少年强则国强，少年进步则国进步”的信念到“希望寄托在你们身上”的期待，人们总是把最美好的词语赋予青春，把最热忱的希望寄予青年。一代代青年用破茧成蝶的成长、奋发有为的担当唱响了不同历史时期的青春之歌。今天，新时代中国青年重任在肩，理应面貌更新、气势更强、斗志更坚、精神更足，展现出更加亮丽的青春风采，迸发出更加豪迈的青春激情。

青年是时代发展的最蓬勃动力。青春是乘风破浪的：世界之大，有太多的知识值得学习，有太多的未知值得探索，对学习保持热爱、对奋斗充满热

情、对困难无所畏惧，才能激扬青春的澎湃力量。青春是志趣高洁的：要积极敞开心胸、拥抱自然，始终保持纯粹、向往本真，坚持崇尚文明、铸就美好，在志存高远中阔步前进，在涵养身心中敦品励行。青春是风华正茂的：在平凡岗位坚守奉献，在基层一线经受磨砺，在急难险重时冲锋在前，在创新创业中敢为人先，青春将在奋斗中出彩闪光。

资料来源：李忱阳：《展现青春的朝气锐气（金台随笔）：涵养新时代中国青年的精气神》,《人民日报》，2023 年 8 月 16 日第 5 版。（收入本书时略有改动）

自我诊断

学习动机不仅直接影响学生的行为参与、情感参与和认知参与，还会通过自律学习间接影响学生的学习参与。自律学习是学习动机作用于学生学习参与的重要中介变量。请分析自己是否具备学习动机，并对表 2-1 中各项学习动机内容进行选择与分析。

表 2-1 学习动机自我测评

学习动机内容	选项	
	是	否
1. 如果他人不督促你，你极少积极主动地学习		
2. 你一读书就觉得疲劳与厌烦，想睡觉		
3. 当读书时，你需要很长的时间才能提起精神		
4. 除了教师布置的任务之外，你不想多看书		
5. 在学习中遇到不懂的问题时，你根本不想弄懂它		
6. 你常常觉得自己不用花太多时间，成绩也会超过他人		
7. 你迫切希望在短时间内就能大幅度提高自己的学习成绩		
8. 你常为短时间内成绩没有提高而烦恼不已		
9. 为了及时完成某项作业，你宁愿废寝忘食、通宵达旦		
10. 为了把功课学好，你放弃了许多感兴趣的活动，如进行体育锻炼、看电影等		
11. 你觉得读书没意思，想找个工作		

表2-1（续）

学习动机内容	选项	
	是	否
12. 你常常认为课本上的基础知识很简单		
13. 你平时只在喜欢的科目上下功夫，对不喜欢的科目放任自流		
14. 你用在课外读物上的时间比用在教科书上的时间要多很多		
15. 你把时间平均分配在各门学科上		
16. 你给自己定下的学习目标多数因做不到而不得不放弃		
17. 你几乎毫不费力就实现了自己的学习目标		
18. 你总是为同时实现多个学习目标而忙得焦头烂额		
19. 为了应付每天的学习任务，你已经感到力不从心		
20. 为了实现一个大目标，你不再给自己制定循序渐进的小目标		

测评结果：1 ~ 10题考查学习动机的强度，若前5题答“是”多，后5题答“否”多，说明学习动机比较弱，对学习行为的推动力比较小；反之，说明学习动机偏强，可能会引起焦虑情绪。如果大部分题选择“否”，说明学习动机处于中等水平。11 ~ 15题考查学习目的和兴趣是否存在困扰，若肯定答案偏多，则说明学习目的不够明确和端正，学习兴趣偏离专业知识。16 ~ 20题考查学习目标是否适宜合理，若肯定答案偏多，说明目前的学习目的可能超出你的能力，需要进行适当的调整。选“是”记1分，选“否”记0分，各题得分相加算出总分。总分为0 ~ 5分，说明学习动机有少许问题，必要时可以调整；总分为6 ~ 10分，说明学习动机有一定的问题和困扰，需重视；总分为11 ~ 13分，说明学习动机有一定的问题和困扰，应适当调整；总分为14 ~ 20分，说明学习动机有严重的问题和困扰，需要及时调整。

学习的力量

1984年，董丽娜出生在辽宁大连郊区的一个农民家庭。被诊断出患有先天弱视的她在10岁那年彻底失明。在盲聋学校，董丽娜完成了义务教育

阶段所有课程，教师们细致入微的关怀为小小年纪离家住校的丽娜点亮了一盏温暖的灯，播下了热爱学习的种子。

为了减轻家庭经济负担，她进入大连市盲人技术学校学习中医推拿。毕业后，董丽娜成为大连一家按摩院的盲人按摩师。“我可以自食其力了，但也希望能找到机会继续学习。”英语、心理学、计算机……只要感兴趣，只要有学校愿意接收，她就抓住一切机会学习。

2006 年 10 月，一个偶然的机会，董丽娜得知北京一家公益机构可以帮助视障青年学习播音朗诵。“也许，这是一个能够改变我命运的机会。”她的心里响起一个声音。与公益机构取得联系后，董丽娜辞去工作，带着简单的衣物和一根盲人手杖孤身来到北京。第一次上播音主持课，她就爱上了播音，每天除了睡觉以外，几乎所有的时间都在摸着盲文练习发音。

2007 年 6 月，她以 97.8 分的成绩拿下一级甲等普通话等级证书。在同伴的鼓励下，她参加了一场全国性的朗诵比赛，作为唯一的盲人选手，靠着优秀的专业素养和丰富的情感表达获得比赛二等奖。2015 年年初，董丽娜被其中一位评委引荐，走进中央人民广播电台的直播间，担任嘉宾主持。在后续几年时光中，董丽娜作为中央人民广播电台文艺之声品味书香节目《丽娜品读时间》的主持人，将文字化作声音传入千家万户。

在追梦的路上，董丽娜一直是那个“希望通过学习能看到不断成长与变化”的女孩，她的脚步从不停歇。为了更加系统地学习播音主持、提升专业水平，董丽娜报考了中国传媒大学的研究生，开始边工作边考研。

2020 年 7 月，董丽娜考入中国传媒大学播音与主持艺术专业，攻读学术型硕士学位。3 年里，董丽娜接受了系统、科学的教育，她像一块海绵，迫切地汲取丰富的营养。这里的一切都是她梦想中的模样。

海量的文献阅读、大量的深入访谈没有难住董丽娜。在读屏软件的辅助下，她逐字逐句啃下 1 000 余万字的文献资料，梳理口述影像相关理论，并对无障碍电影讲述策略提出见解，顺利拿到了硕士毕业证书。

资料来源：任赫：《“我始终相信学习的力量”：中国传媒大学第一位盲人硕士研究生董丽娜的故事》,《中国教育报》，2023 年 5 月 22 日第 2 版。（收入本书时略有改动）

问题 你从董丽娜的故事中明白了什么道理？

拆锦囊 不论何时何地，每个人都不能忘记学习。青年学生要在学校教师的培养下努力学习，掌握扎实的专业知识和熟练的专业技能，获得立足社会、立足职场的基础，有效地拓宽发展空间，增强竞争实力，实现人生价值。学习的方式是多样的，青年学生可以向书本学、向实践学、向榜样学，在学习中完善自我，提升业务技能。

第一节 校园环境与社团活动

一、校园环境

刚进入学校的中职新生对学校充满了迷茫与好奇。辅导员领着大家一起逛校园是认识学校的第一步，这一环节对于新生来说是非常必要的。如果没有这一环节，新生需要花比较长的时间来认识、了解学校，适应中职生活会需要更长的时间。

（一）宿舍

很多中职新生在到学校之前通过网络等途径了解学校的住宿情况，如宿舍楼的新旧程度、每个房间有几个铺位、宿舍的收费情况等。

辅导员在向新生介绍宿舍时，首先要介绍校园内有多少栋宿舍楼，哪些是男生宿舍楼，哪些是女生宿舍楼，这样可以让新生了解自己所在的宿舍楼的位置；其次要简单介绍学校宿舍管理规定，如男生不允许进入女生宿舍、宿舍楼每天熄灯的时间等，并结合所带领新生的实际情况，逐一、详细地介绍每栋宿舍楼的具体情况，如宿舍楼的具体楼号、每栋宿舍楼的层数等；最后介绍一些宿舍楼的历史或小故事，以加深这些宿舍楼在新生心中的印象。

在介绍宿舍时，辅导员还应该详细地讲解高层宿舍楼的电梯情况，如是单层楼停还是双层楼停，是否低的楼层不停等；楼梯的位置、卫生间的位置及每个楼层卫生间的数量；逃生通道的位置，遇到危险时的逃生路径；每个楼层宿舍号

的特点，有无阳台，宿舍里插座的位置和个数，宿舍里的各种设备是否齐全且可用。

如果条件允许，在介绍宿舍时，辅导员可以领着学生进去看看，了解宿舍楼的特点，这样可以避免讲解的枯燥，增加乐趣，增进交流。

宿舍文化是以学生为主体，以宿舍为主要活动空间，以校园精神为主要特征的一种学生共同创造和享受的各种文化形态的群体文化，是促人向上的精神力量，能引导学生树立正确的人生观、价值观和世界观，是校园文化的重要组成部分。

话题延伸

宿舍空间有限，舍友之间生活距离近，难免会发生各种各样的矛盾，有时候出现小吵小闹是不可避免的，但是大吵大闹是完全可以避免的。舍友之间要多交流，遇到矛盾时及时化解，不宜积怨。

（二）食堂

中职学校的食堂不仅为学生和教师提供餐饮，还是学生聚会、交流的场所，对增进同学间的友谊有很大的作用。饮食文化是学校文化的一部分，而且是不可或缺的一部分。食堂是学校的一种文化标志。同时，饮食一直是大家关注的问题，学校的饮食质量影响学生对学校的印象，如果学校的食堂受到学生的欢迎，那么学生就会增加对学校的认同感。

（三）图书馆

图书馆是知识的殿堂，更是众多学生上自习的最佳场所。在这里，中职生不仅可以像在教室里一样看书学习，而且可以翻阅许多文献资料。教师在课堂上讲授的只是本专业最基本的知识，而图书馆配备了各专业的多种教材、参考书籍、学术刊物及电子文献，这些资源不仅有助于学生加深对课堂教学内容的理解、拓展知识，而且有助于学生了解本专业的基本情况、

话题延伸

第一次逛图书馆时，中职生首先要注意看图书馆的示意图，以便快速了解图书馆各服务系统的分布情况；其次要留意开馆时间、馆藏分布等，要充分利用图书馆里的资源多读书、读好书，使个人向更好的方向发展。

前沿课题和发展动向。很多即将毕业的中职生感慨校园生活离不开图书馆，因为他们充分了解图书馆在校园生活中的重要地位，认识到自己的需要及图书馆可以提供的知识。

中职生进入图书馆借书时要携带借阅证等证件，每次可借阅图书的数量和借阅时间都是有限制的，对即将超出借阅时间的图书要及时续借，否则将会受到一定的处罚。当然，处罚的目的是让馆藏图书流通起来。

图书馆一般由图书借还处、书库、阅览室等部分组成。图书借还处是图书借阅、归还的地方，记录了图书的往来信息、借阅人情况、借阅时间等。书库是藏书的地方。阅览室是图书馆的服务设施，是为读者在馆内使用文献提供的专门场所。阅览室分为书刊阅览室（普通阅览室）、期刊阅览室和电子阅览室。书刊阅览室一般多文艺、科技等方面的图书，专业性不强；期刊阅览室是供人们查阅期刊资料、文献的地方，主要收藏外文期刊、科技期刊和社科期刊；电子阅览室是指以计算机技术、网络通信技术为基础，融电子型文献（光盘、网络服务等）阅览、咨询、培训、服务为一体的现代化多功能阅览室。中职生在进入阅览室前要把包和随身物品寄放到寄存处，图书馆一般规定不能携带自己的书进阅览室。

话题延伸

图书馆是公共场所，在图书馆不能大声喧哗，不能吃东西，更不能吸烟，要把手机调成静音或振动状态。

二、社团活动

社团是由有共同志趣、爱好的学生自愿组成的并经学校批准认可的学生群体组织。随着中职生要求全面发展、提高自身素质的愿望逐步强化，越来越多的中职生参加了各种不同类型的社团活动。社团活动是中职生课余学习、活动的重要组成部分。

（一）社团组织的种类

目前，学生社团种类比较多，概括起来大致可分为知识社团、创造社团、文娱社团和服务社团。

（1）知识社团。这类社团以理性的文化知识为主要内容，具有理性思辨的特征，包括一些专业知识性社团、学术研究性社团和政治性社团等。

（2）创造社团。这类社团以创造、创作、发明为特征，以培养学生的动手能力和逻辑思维为目的，如各种文学社团、科技兴趣小组等。

（3）文娱社团。这类社团以文娱、体育、艺术等方面的活动为主要内容，以追求感性或感官刺激为主要特征，如书法协会、球迷协会等。

话题延伸

学生社团的组织和活动实际上是一种校园文化群体的组织与活动，有力地推动了校园文化的发展，对学生素质的提高起到了积极的作用。

（4）服务社团。这类社团是指校园中一些以提供服务为手段、以营利为目的的社团组织，如校园里的学生自助商店、家教服务中心等。

（二）社团活动的主要形式

学生社团的群体活动一般按照社团中大多数成员的爱好、兴趣和需要加以选择，因而学生参加社团活动主要是由于学生社团有较强的吸引力。中职生社团活动的主要形式有如下几种。

1. 文艺活动

文艺活动是学生社团活动的主要形式。学校的乐队、诗社、文学社、戏剧协会、摄影协会、书法协会等学生社团都是群众性的文艺社团，开展的主要活动有赛诗会、文艺演出、书法作品展览、歌舞欣赏、讲座等，其成员大多数是各班的文艺骨干，这些活动对学校开展群众性的文艺活动具有很大的推动作用。

2. 体育活动

体育活动是学生社团活动的另一种形式。田径队、武术协会、棋类协会、足球俱乐部、篮球俱乐部等学生社团都是群众性的体育社团。这些体育社团开展的主要活动是体育、健身活动，如武术比赛、象棋比赛、围棋比赛、健美表演、足球比赛等。这些社团的成员主要是体育骨干。体育活动可以增强社团成员的体质，提高社团成员的基础体育理论水平、基本运动能力和良好的体育道德素养，并为学校开展群众性体育活动创造条件。

3. 科研活动

科研活动是学生社团为配合专业教育而组织的活动。各专业、各系都有自己的具有科研性质的学生社团，如数学协会、英语协会、计算机协会、汽车爱好者协会等。这些学生社团开展的主要活动有组织社会调查、撰写科研论文、组织学术报告和科技竞赛等，其成员大多数是各专业、各系的学习骨干。科研活动对学校形成良好的科研风气和学习风气大有裨益。

4. 竞赛活动

竞赛活动是各种学生社团组织都具有的活动形式之一。无论是体育、文艺社团还是学术、科研社团，都会开展一定的竞赛活动。竞赛活动能够提高社团的凝聚力，扩大社团的知名度，吸引更多的学生参加社团活动。因此，竞赛活动在学生社团中占有重要的地位。

5. 公益活动

公益活动也是各种学生社团组织都具有的活动形式之一。通过公益活动，如法律咨询、为民服务、卫生清理、公益宣传等，学生能够树立良好的劳动观念和服务意识、增强技能、提高素质。

6. 社会调查与实践活动

广泛开展社会调查和社会实践活动，不仅有助于学生了解社会、不断接受来自社会的反馈信息，从而改变自己不切实际的思想和观念、更新自己的知识结构，而且能在和社会的接触中被社会认同，把社会责任内化为自己的思想意识。

话题延伸

各类学生社团都要组织其成员利用课余和假期时间开展内容丰富、形式多样的社会实践活动，把课堂上学到的知识与社会实践结合起来，在实践活动中不断培养自己的各种能力，加快成才的进程。这类社会实践活动的形式有社会考察活动、社会服务活动、勤工助学活动等。

知识之窗

学生社团建设的意义

学生社团活动是实施素质教育的重要途径和有效方式，在加强校园文化建设、提高学生综合素质、引导学生适应社会、促进学生成才就业等方面发挥了重要作用，是新形势下开展思想政治教育的重要组织动员方式，是以班级、年级为主开展学生思想政治教育的重要补充。

1. 活跃校园生活，繁荣校园文化

校园文化活动的开展通常有两个途径：一是以系部为单位参与的院校组织，如学生文化艺术节、校运动会等；二是以社团为主进行的社团组织，如文学社组织的文学创作比赛、棋牌社组织的棋类比赛等。院校组织的大型活动有一定的时限性，如艺术节是一年一度的。因此，校园里的文化活动以小型的社团活动为主要形式。

2. 引导学生积极学习

学生社团是一个特殊的团体，可以在学习兴趣方面引导学生。学生因为兴趣而参加学生社团，社团可通过一些学生喜闻乐见的形式组织学生活动，从而引导学生明确正确的学习方向、端正学习态度，在校园中形成一种良好的学习风气，营造一种具有激励作用的、积极的学习气氛。例如，计算机爱好者协会组织计算机操作比赛，使全校学生活跃起来，积极上机训练，认真学习计算机技术。

3. 促进学生提高综合能力

素质教育是以提高人的自然素质和社会素质为目标的教育。学生社团是学生自己的组织，在这个组织里，每个人都积极参与各种活动，在活动中锻炼各种能力，如人际交往能力、口头表达能力、组织能力、领导和决策能力等。另外，一些学生还针对自己的专业特点开展社会实践活动，在活动中锻炼运用专业知识的能力。

4. 有利于整合学生的力量，为学校的教育管理服务

学生的自由意识和自主精神都比较强，而学生社团既可以给学生一定的自由空间和自主权利，又可以在此基础上使所有的学生都找到自己的“组织”，从而整合学生的力量。社团组织引导他们在服务他人和社会的同时不断锤炼自我，完善自我。

5. 有利于提升学生的职业素养

学生社团的成员通过加入社团、开展社团活动、参与社团管理等途径紧密地与社团联系在一起，由归属感发展到认同感，由认同感发展到荣誉感，由荣誉感发展为对集体的责任感。同时，一个优秀的社团在成员中倡导的价

值观能够潜移默化地影响成员的心灵，如各种服务性社团，通过服务学生、服务社会，增强学生的服务意识、社会责任感和使命感；通过开展各种活动，让学生体会成功与挫折，培养学生克服困难、挑战自我的良好品质；通过组织和参与集体活动，让学生感受“一分耕耘，一分收获”，从而培养学生脚踏实地的良好工作作风。这些都是学生未来从事各项工作必须具备的职业素养。

第二节　学习与执行力

一、学习的含义

学习是一种既古老又永恒的现象。由于历史条件不同、研究角度不同，人们形成了各种不同的学习观。

一般来说，学习的概念有广义与狭义之分。从广义上讲，学习是人和其他动物在生活过程中通过实践训练而获得的由经验引起的相对持久的、适应性的心理变化，即有机体以经验方式引起的对环境相对持久的、适应性的心理变化。广义的学习的定义体现了以下四个要点。

（1）学习是其他动物和人共有的心理现象，虽然人的学习是相当复杂的，与其他动物的学习有本质的区别，但不能否认其他动物也是有学习行为的。

（2）学习不是本能行为，而是后天习得的。

（3）任何水平的学习都将引起适应性的行为变化，不仅有外显行为的变化（有时并不显著），还有内隐行为或内部过程的变化，即个体内部经验的改组和重建，这种变化不是短暂的，而是长久的。

（4）不能把个体的一切变化都归为学习，只有通过学习活动产生的变化才是学习（如因疲劳、生长、机体损伤及其他生理问题而产生的变化都不是学习）。

从狭义上讲，学习是指学生的学习，是在教师的指导下有目的、有计划、系统地掌握知识、形成技能和行为规范的活动。

二、实现高效学习的方法

（一）确立正确的学习目的

人的行动都具有目的性，目的对行动有刺激和引导的作用，学习也是如此。树立正确的学习目的是中职生学习生活中的关键环节。所谓学习目的，是指一个人对学习的社会意义和作用的自觉认识与追求，是其理想志向在学习生活中的具体体现。学习目的支配一个人学习过程中的努力方向，赋予其学习的内在动力，因而对成才具有十分重要的意义。

中职生的学习目的具有多样性，有层次高低之分。一般来说，当代中职生的学习目的可分为五个方面及三个层次。

1. 五个方面

五个方面是指热爱科学、社会责任（为祖国建设而学习）、回报父母（不辜负父母的期望）、个人幸福（谋求美满幸福的生活）和自我实现（充分实现自身价值）。

2. 三个层次

第一个层次是为自身的生存而学，第二个层次是为促进人的全面发展而学，第三个层次是为促进社会发展而学。肩负着祖国和人民重托的当代中职生应从自己的历史使命和责任出发，树立起为实现中华民族伟大复兴的中国梦而努力的学习目的，并以此协调自己的动机体系，统率自己的思想、感情和行动，使学习活动受到强大的激励，从而获得持久而稳定的效果。

（二）挖掘内在的学习动力

正确的学习目的只有在支配了一个人的全部学习活动，并转化为推动学习进步的巨大动力的时候，才算真正得到落实。学习动力可以划分为间接性动力和直接性动力。间接性动力是指由于认识到学习对社会或个人具有某种功利意义而产生的动力，如由学习目的产生的动力；直接性动力是指由于对学习本身具有强烈的兴趣而产生的动力，如由求知欲产生的动力。因

话题延伸

培养学生求知热情的方法有很多，常见的有以下几种：认真钻研已有知识，让科学本身的力量激发求知热情；处处留心已知和未知的矛盾，学会提出问题；反对浅尝辄止，注重深入研究；在知识中寻找乐趣，激发强烈的求知欲望；等等。

此，要想发掘内在的学习动力，中职生就要培养自己的求知热情，因为求知热情对学习的推动作用是十分惊人的。

对中职生来说，激发学习动力除了需要培养求知热情以外，还需要通过实现中职生学习的三个转变来保持其持续且稳定的发展。这三个转变分别为：尽快克服满足感，由中学时的被动接受型学习方式向职校的接受型与创造型相结合的学习方式转变；增强学习的独立自主精神，由以教师指导的学习为主向以自主学习为主转变；正确认识个人需要和社会需要的关系，热爱所学专业，由“要我学”向“我要学”转变。中职生只有顺利实现这三个转变，在职校期间的学习动力才会得以持续、稳定、健康的发展。

（三）掌握科学的学习方法

学习方法是实现学习目的、取得学习成果的桥梁和手段，在整个学习生活中占据重要的位置。对中职生来说，学习不仅包括对专业知识、书本知识的学习，还包括对学习方法的学习。有效的学习方法可以使学习达到事半功倍的效果。因此，掌握科学的学习方法是学生学习的关键。如何才能掌握科学的学习方法呢？

1. 把握学习周期，使其良性循环

学习周期是指学习中的小循环。从长远来看，学习是永无止境的，但就某一章、某一节、某一公式、某个定理、某个方法来说，学习则有起止点。一般来说，预习（基础）、听课（关键）、复习（归纳和总结）、考试（掌握和运用）是学习周期中的四个基本环节。这四个基本环节虽有轻重、详略、急缓之分，但最终相互渗透在一起。

2. 调节生理，正确用脑

人的大脑分为左、右两个半球。左半球具有较强的抽象思维能力，在阅读、写作、数学计算方面起决定性作用；右半球具有高度的图形感知能力，在音乐、美术、空间和形状的识别、短暂的视觉记忆方面起决定性作用。如果左半球功能运用较多、右半球功能运用较少，就会降低学习效率，阻碍创造力的发挥。因此中职生应该遵循大脑的活动规律，科学用脑。

话题延伸

在有限的单位时间内，中职生应高度集中自己的注意力，养成井然有序的学习习惯，提高学习效率。

3. 珍惜时间，巧妙运筹

时间是物质存在的一种客观形式，是由过去、现在和将来构成的连续不断的系统。有时间观念的人不会让时间白白溜掉。在增强学习的时间观念的同时，中职生还要学会巧妙地运用时间，养成学习时有时间预算的习惯，如日有安排、周有计划、月有打算、学期有部署等。

（四）建立合理的知识结构和智能结构

1. 知识结构

知识结构是指一个人的知识构成状况，即所掌握的各种知识的相互比例、相互联系、相互协调、相互作用及其形成的整体功能。通俗地讲，知识结构就是人类知识体系在个人头脑中的构成情况与组合方式。知识数量的丰富性与知识结构的合理性的辩证统一是当今时代衡量人们知识水平的标准。因此，建立合理的知识结构是中职生的一项重要任务，也是中职生成才的一项基本要求。知识结构不存在固定的、绝对的模式，可以多种多样、因人而异。

这里介绍两种常见的结构形式。一种是塔式结构，分为基础知识、专业知识、前沿知识三个层次。基础知识要宽、厚、扎实，专业知识要深、专，前沿知识要新、精。这三层知识互相促进、互相转化，但在一定的时间内又相对稳定。这种知识结构有利于迅速接近科学前沿，从事科学攻坚，这也是目前各种专业人才中比较普遍的知识结构类型。另一种是网络式结构，是以自己的专业知识为中心，把其他与之相近、作用较大的知识作为网络的各个纽结，相互联结成一个适应性较强、能够在较大范围驰骋的知识结构。它对于组织管理人才是比较适宜的。

2. 智能结构

智能结构是指人的智能要素组成的相互联系、相互影响、相互制约的动态综合系统。它包括身体力、知识力、认识力、实践力、创造力等基本要素的不同组合及其作用。身体力是指人的身体素质，包括感觉器官、运动器官和神经系统的功能，以及有待探索的某些功能现象；知识力是指知识储备量所具有的

话题延伸

国内外学者提出过许多知识结构的样式，但形成一个合理的知识结构是长期而又复杂多变的过程，每个人必须坚持从实际出发，实事求是，扬长避短，建立起适合自己的知识结构。

力度和获取知识的能力，包括学习能力、记忆能力等；认识力是指一个人认识和理解事物的能力，包括观察能力、想象能力、思维能力等；实践力是指能动地认识和改造世界的能力，包括组织能力、操作能力、社会活动能力及信息处理能力等；创造力是指独立发现新事物、提出新见解、解决新问题的能力。任何智能结构建立后都有一个不断完善优化的过程。

（五）培养优良的学风

学风是指学习方面的风气，包括学习态度、学习毅力、学习风格和学习方法等内容，是人们的学习品质和道德素质的体现。一个学生的学风是他的整个精神面貌和各种人格因素在学习过程中的体现与反映。优良学风的树立又会反过来进一步丰富学生的精神世界，推动学生的人格朝着更加完善的方向发展。

> **话题延伸**
>
> 自觉培养优良学风是中职生成才的重要保证，也是中职生自我人格塑造的一项重要内容。

三、提升个人执行力的方法

提升个人执行力的方法包括明确目标、制订计划、管理时间、持续学习、培养积极心态、坚持团队协作、培养良好习惯、寻求外部支持等，如图 2-1 所示。

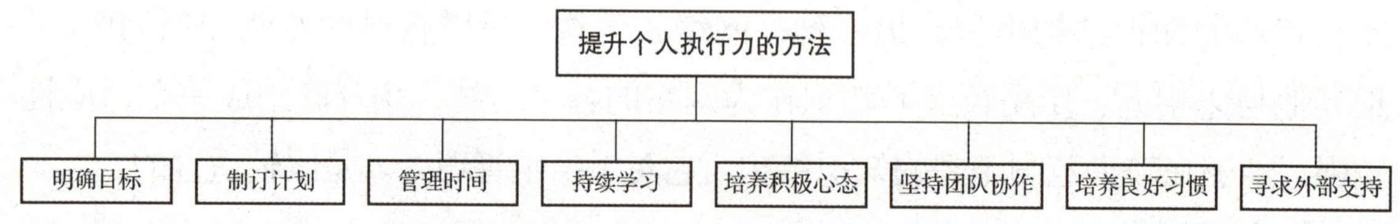

图 2-1　提升个人执行力的方法

（一）明确目标

要想提升个人执行力，学生应清晰地认识到自己想要什么，并设定具体的目标。这些目标可以是学业上的，也可以是个人技能、兴趣爱好等方面的。同时，要确保目标具有可衡量性和可实现性，这样才能更好地评估自己的实施进度和取得的效果。例如，可以设定一个学期内提高某一科目的成绩到某个具体分数；可以是掌握一项新的技能，如编程、绘画等。

在设定清晰的目标后，学生还应进一步将目标进行分解，如将长期目标分解

为若干个短期目标，这有助于学生更好地管理自己的时间和资源，提高执行效率。每个短期目标都应该是具体、可实现的，并且与长期目标紧密相连。例如，如果长期目标是提高英语水平，那么可以将目标分解为每天背诵一定数量的单词、每周阅读一篇英文文章等短期目标。

如果发现进度滞后或偏离了目标，学生应及时调整策略和方法，可以通过制订每周或每月的回顾计划来确保自己始终在正确的轨道上前进。

（二）制订计划

要想提升个人执行力，学生应根据目标和实际情况制订详细的计划。计划应包括任务、时间、资源等方面的具体安排，以确保每个任务都能得到充分的关注和执行。例如，在学习计划中，可以明确每天的学习任务、学习时间和学习资源等。对计划中的任务可以使用四象限法等方法进行优先排序，确保先完成重要且紧急的任务，这样可以避免在琐碎的事情上浪费时间和精力，以提高执行效率。在执行计划的过程中，学生可能会遇到各种不可预见的情况，应学会根据实际情况灵活调整计划，以确保计划顺利进行。例如，当执行某个任务遇到困难时，可以暂时将其放下，转而处理其他事情；当时间充裕时，可以增加某些任务的工作量等。

（三）管理时间

要想提升个人执行力，学生应学会制定合理的时间表，将时间恰当地分配给各个任务，确保时间得到充分利用，避免将时间浪费在无关紧要的事情上。时间表可以包括每天的学习时间、休息时间、娱乐时间等，以保持生活的平衡和丰富。

拖延是执行力的天敌。学生应学会克服拖延症，及时完成任务，通过设定截止日期、寻求他人监督等方式来提高自己的执行力。例如，学生可以给自己设定一个每天必须完成的任务清单，并按时完成每项任务；或者将任务分解为更小的部分，逐步完成，以减轻压力。

此外，学生应学会合理利用碎片时间进行复习、阅读等活动，以提高学习效率。例如，在课间休息时可以阅读一些与

话题延伸

每个人专注或疲惫的时间都不太一样，学生应充分了解并掌握自己的状态，尝试在合适的时间做合适的事。如在精力最专注的时候去做需要用心完成的事，在疲惫的时候适当放松和休息。这样既能按时完成任务，又能提高质量。

课程相关的书籍或文章；在午休时间可以回顾上午的学习内容或做一些简单的练习。

（四）持续学习

要想提升个人执行力，学生应持续关注行业动态和新技术发展，不断拓展自己的知识面，以便更好地适应未来社会的发展需求。例如，学生可以通过阅读书籍、观看视频、参加讲座等方式来增长见闻，充实自己。学生还应根据自己的兴趣和职业规划，通过参加培训班、自学、参与项目等方式来学习新技能，这不仅能够提高自己的竞争力，还能为将来的职业生涯提供更多的选择。

话题延伸

拉开人与人之间差距的，往往是日复一日的积累。持续学习、不断精进，才能让一个人保持深度思考的能力，获得真正的成长。练好自己的本领、拥有独一无二的竞争力，更多的机会才会接踵而至。

学习一段时间，学生应定期对自己的学习成果进行反思和总结，找出自己的不足之处并制订改进计划，以此来不断提高自己的执行力和综合素质。例如，学生可以借助学习日志、学习笔记等来记录自己的学习过程和心得体会。

（五）培养积极心态

要想提升个人执行力，学生在面对困难和挑战时，保持积极乐观的心态非常重要，要相信自己能够克服困难并取得成功。学生可以通过与积极的人交流、阅读励志书籍等方式来培养自己的乐观心态。

话题延伸

悲观的人，先被自己打败，然后被生活打败；乐观的人，先战胜自己，然后战胜生活。积极的心态是战胜一切困难的力量源泉。

自信心是提高执行力的关键因素之一，它可以促使学生更加勇敢地面对挑战和困难。学生可以从小事做起，逐渐积累成功经验，不断增强自信心；也可以通过寻求他人认可和鼓励来增强自信心。

在学习和生活中，学生难免会遇到各种压力和挑战，学会正确应对压力是提高个人执行力的关键。首先，学生要认识到压力是普遍存在的，不必过于担忧或逃避。其次，学生可以尝试通过深呼吸、冥想、运动等方式来放松身心和缓解压力。

（六）坚持团队协作

团队协作是提高个人执行力的有效途径之一。学生应积极参加各种团队活动，

如学习小组、社团组织等。学生在与团队成员共同完成任务的过程中能够提高自己的团队协作能力，学习他人的优点和经验，展示自己的才能和特长等，与其他成员实现共同进步。

团队协作需要良好的沟通和合作能力。学生应学会与他人沟通，合理表达自己的想法和意见，学会倾听他人的观点和建议。在合作中，学生要尊重他人的工作和贡献，与他人积极协作，共同完成任务。通过沟通与合作，学生可以更好地解决问题，提高执行效率。

在团队中，每个成员都应承担自己的责任和义务。学生应明确自己的角色和任务，认真履行自己的职责，为团队的成功做出贡献；应学会承担一定的风险、承受一定的压力，勇于面对挑战和困难。

（七）培养良好习惯

自律是提高执行力的基础。学生应养成良好的自律习惯，如按时起床、规律作息、保持整洁等。这些习惯有助于学生保持身心健康，提高学习效率和生活质量。自律也能让学生更好地控制自己的行为，以减少外界的干扰。

身体健康是提高执行力的前提。学生应坚持锻炼身体，增强体质水平。学生通过运动可以缓解压力、提高睡眠质量、增强记忆力，为学习和生活提供有力的支持。运动也能培养学生的毅力和耐力，增强学生面对困难和挑战时的执行力。

（八）寻求外部支持

要想提高执行力，学生要学会正确地寻求外部支持。当遇到困难和挑战时，学生应积极寻求他人的帮助和支持。例如，学生可以向老师、同学、家长等人请教问题或寻求建议；也可以加入学习小组或社团组织等集体活动，与志同道合的人共同学习和成长。通过寻求外部支持，学生可以获得更多的资源和信息，这些都能帮助学生提高执行力。

参加社团活动是提升综合素质的有效途径之一。学生应积极参加文艺演出、体育比赛、志愿服务等社团活动，结识朋友，与他们共同学习和成长。学生在社团活动中可以锻炼组织能力、沟通能力、团队协作能力等。

当遇到复杂或困难的问题时，学生可以寻求专业人士的指导和建议。这些专业人士可以是老师、辅导员、心理咨询师等，他们丰富的经验和专业知识可以为学生提供专业的建议，帮助学生更好地解决问题。

榜样激励

精益求精，擎起“中国制造”

一把焊枪能在眼镜架上“引线绣花”，能在紫铜锅炉里“修补缝纫”，也能给大型装备“把脉问诊”……在“七一勋章”获得者、湖南华菱湘潭钢铁集团有限公司焊接顾问艾爱国的眼里，不管什么材质的焊接件、多么复杂的工艺，基本上没有拿不下的活儿。

在所有焊接工件中，大型铜构件焊接难度最大。因为它需要在超过700℃的高温下、在几分钟的时间内精准找到点位连续施焊，稍不留神就前功尽弃。“焊的时候皮肤绷紧，手不自觉地颤抖，不知道能坚持到第几秒。”面对技术、意志力的多重考验，艾爱国将旁人望而却步的事情变成了自己的绝活。

工匠以工艺专长造物，在专业的不断精进与突破中演绎“能人所不能”的精湛技艺，凭借的是精益求精的追求。

我国自古就有尊崇和弘扬工匠精神的优良传统。自中华人民共和国成立以来，中国共产党在带领人民进行社会主义现代化建设的进程中始终坚持弘扬工匠精神，神州大地上涌现出一大批追求极致、精益求精的工匠。例如，中铁二局二公司隧道爆破高级技师彭祥华能在岩层间做到精准爆破，使误差远小于规定的最小值；金川集团铜业有限公司贵金属冶炼分厂提纯班班长潘从明数十年如一日，专注于铂族贵金属高效提炼技术，用特定试剂溶解含稀有贵金属的矿渣，能从其溶液的颜色中迅速判断铜、铁等杂质含量。

小到一枚螺丝钉、一根电缆的打磨，大到飞机、高铁等大国重器的锻造，都展现出工匠们笃实专注、严谨执着的匠心。正是因为一代代人对工匠精神的继承与发扬，我国才能从一个基础薄弱、工业水平落后的国家成长为世界制造大国。

资料来源：《奋斗百年路 启航新征程·中国共产党人的精神谱系|精益求精 勇于创新——工匠精神述评》，新华网，2021 年 9 月 27 日。（收入本书时略有改动）

两难类问题[①]应变训练

训练目标： 强化应变训练，提高应变能力。

训练内容： 选取常见的公务员招考面试题目、日常生活和工作中可能遇到的事件，让学生按照两难类问题的处理原则进行处理，训练学生对两难类问题的应变能力，并参照参考示例修改处理方式。

处理原则： 以大局为重，舍小我保大我；在坚持原则的同时，顾全亲情和友情；坚持原则，公私分明；措辞严谨，考虑周全。

训练题目 1： 如果你是一名公务员，你的亲友为一名违反政策的当事人说情，让你左右为难，你该怎么办？

训练技巧： 第一步，说明做人的原则；第二步，谈具体的处理方法；第三步，简述在发生冲突时自己的处理方法。

参考示例：

（1）原则。在工作中难免会遇到两难情况，且无法回避，关键是我们怎么正确应对。在任何情况下我们都应坚持原则不动摇，这是公务员的职业道德底线。同时，在说明原则时，要把做好思想政治工作和坚持原则结合起来。

（2）方法。认真了解情况，看看该工作是否在自己的职责范围内。如果在自己的职责范围内，应热情接待亲友；若不符合政策，就耐心地做好思想工作，晓之以理、动之以情，争取亲友对自己依法行政的理解和支持。同时，请其他亲友帮助自己做该亲友的思想工作。如果不在自己的工作职责范围内，则应按照职责分工，并坚决支持相关同事的独立工作，不干扰正常的工作程序。

（3）自己的处理方法。在发生冲突时，首先要保持冷静和理智，不被情绪左右，以积极的态度面对冲突，寻找解决问题的途径。要明确表达自己的立场和原则，可以告诉亲友，自己理解他们的情感诉求，但政策是严肃的、公正的，不能因为私情而破坏，希望他们能够理解自己的决定。在拒绝亲友的请求后，可以主动提供一些帮助和建议。例如，可以告诉他们如何合法合规地解决

---

① 在面试中，两难类问题（也称为“两难困境”或“双重束缚”问题）是一种用来测试应聘者如何在两个看似对立的选项或情境之间做出决策的问题。这种问题通常没有明确的“对”或“错”的答案，而是要求应聘者展示他们的分析能力、决策制定能力、道德判断力和批判性思维。

问题，或者提供一些相关的法律咨询和援助。如果冲突无法自行解决，可以寻求第三方的协助。例如，可以邀请亲友信任的亲友或长辈参与调解，或者寻求专业的法律咨询和援助。

训练题目 2：需要你去火车站接客户，该客户在上午 11 点到达，去火车站来回约需要 1 小时。你打算如何处理这件事？

训练技巧：上述训练题目考查的是统筹组织能力和具体办事能力。要根据事情的轻重缓急确定哪些事情必须急办，哪些事情可以缓办。如果某些事情不立即处理就会造成不良影响，则应将这些事情放在第一位，并按照影响的大小排列处理事情的顺序。

学习能力是指理解各类信息的内涵和外延，通过提炼和记忆将其转化为自身的知识、技能，并用来解决实际工作问题的能力。请回答以下问题，并对自己学习能力的现状进行分析。

1. 你在周一到周五每天课外自学的时间一般为（　　）。

A. 小于 2 小时　　B. 2 ～ 4 小时

C. 4 ～ 6 小时　　D. 大于 6 小时

2. 你在周六和周日每天课外自学的时间一般为（　　）。

A. 小于 2 小时　　B. 2 ～ 4 小时

C. 4 ～ 6 小时　　D. 大于 6 小时

3. 你平时自学的内容大多数是关于（　　）方面的。

A. 专业课书籍　　B. 英语或其他语言

C. 励志传记类　　D. 其他自己喜欢或与想从事职业相关的书籍

4. 你专业课学习的原动力来自（　　）。

A. 自己的爱好　　B. 学校、家长的要求

C. 社会需求（如就业等）　　D. 其他方面

5. 你认为自己现在的学习是（　　）。

A. 为了通过考试　　B. 为了有更好的未来

C. 被迫学习　　D. 爱好所在

6. 你认为自己的学习在（　　）方面有待提高。（不定项）

A. 独立思考和注意力　　B. 听、说、读、写的方法

C. 理解和分析问题的能力　　D. 运用知识和技能解决实际问题的能力

7. 你平时通过（　　）查找资料。（不定项）

A. 百度　　B. 中国知网等查询系统

C. 图书馆　　D. 其他渠道

8. 你遇到疑问时的解决方式是（　　）。

A. 经常自己查资料　　B. 偶尔自己查资料

C. 通常问老师和同学　　D. 不在乎

9. 你（　　）功课。

A. 全部认真预习　　B. 基本上预习

C. 有时预习　　D. 没时间预习

10. 你的学习主动性属于（　　）。

A. 主动完成学习任务　　B. 能够完成学习任务

C. 不得不完成学习任务　　D. 说不清楚

11. 你经常在（　　）学习。

A. 图书馆　　B. 教室　　C. 食堂

D. 宿舍　　E. 其他场所

12. 你认为（　　）方面最容易影响自己的学习。

A. 同学的学习氛围　　B. 学校的硬件设施

C. 学习意愿　　D. 自制力

13. 你（　　）抄袭作业。

A. 一般不　　B. 偶尔　　C. 经常　　D. 在条件允许时

14. 自入学以来，你的学习能力发展趋势是（　　）。

A. 逐渐提高　　B. 逐渐降低　　C. 先高后低　　D. 先低后高

15. 你在课外自学时（　　）学习计划。

A. 一般不制订　　B. 偶尔制订　　C. 经常制订　　D. 多数情况下制订

模块三

计划执行：职业生涯规划

模块目标

素质目标：懂得职业生涯规划的重要性，做一个善于规划的人。

知识目标：了解职业生涯的含义，职业生涯规划的含义、类型和构成；掌握制订职业生涯规划的步骤。

能力目标：能够对自己制订的职业生涯规划进行评估与调整。

思政树人

十年磨一剑

——记全国优秀教师彭志强

彭志强2008年毕业后留在湖南铁路科技职业技术学院任教，2019年获评全国优秀教师。在工作期间，他潜心学习数控自动编程、3D打印、逆向造型、多轴数控加工等技术，并利用假期向企业工程师学习各种先进的设计理念和制造技术；积极参加各类教师技能竞赛，获得第八届全国数控技能大赛计算机程序设计员一等奖、湖南省数控技能竞赛教师组第一名、全国技术能手、湖南省技术能手等荣誉。

彭志强的教学工作同样出色。他成立了大师工作室，利用课外、周末、寒暑假带领有兴趣的学生训练、参加各类竞赛。为了让学生有一个学习平台，2009年10月，他组织3名教师带领20多名学生创建了数控协会。到2019年，数控协会的学生在各级各类技能竞赛中获奖20余项。从数控协会走出的毕业生

有的已经成为所在单位的业务骨干，并获得了不俗的成绩。其中，首任会长张峰嘉先后获得“全国五一劳动奖章”“火车头奖章”“全国青年岗位能手”“中国铁路总公司全路技术能手”“广铁集团首席技师”“湖南省芙蓉工匠”等荣誉；第二任会长欧阳强文先后获得“中国铁路总公司全路技术能手”“广铁集团青年岗位能手”等荣誉。

彭志强的职业责任感来自对本职工作的热爱。只要真正热爱自己所从事的职业，就能把智力、体力的劳动付出看成人生的一种乐趣，而不仅是谋生的手段，就能满腔热情、朝气蓬勃地做好每项属于自己的工作。

资料来源：《全国优秀教师彭志强：初心在方寸，咫尺在匠心》，湖南铁路科技职业技术学院网站，2019 年 9 月 8 日。（收入本书时略有改动）

自我诊断

做好职业生涯规划，必须具备管理时间的能力。表 3-1 中的 20 道题用于测试你的时间管理能力，每小题有 3 个选项，请你从这 3 个选项中做出选择。为保障测试的正确性，请你如实回答。

表 3-1 时间管理能力测试

测评内容	总是这样	有时这样	从不这样
1. 在每学期开始的时候为自己制订一学期的学习和生活计划			
2. 在课余时间不感到无所事事			
3. 把自己的物品放得井井有条			
4. 在做事时能坚持到底			
5. 在做事时不容易受到其他事情的影响			
6. 能有条理地完成自己该做的事			
7. 能分清什么是眼前最该做的事			
8. 能够及时反思自己利用时间的情况			
9. 每天都能按照自己的计划学习和娱乐			
10. 在每次做事之前都能提醒自己要在尽量短的时间内保证质量地完成			

表3-1（续）

测评内容	总是这样	有时这样	从不这样
11. 每时每刻都知道自己应该做什么事情			
12. 每天都能按时起床			
13. 认为自己做事效率很高			
14. 在任何时候都不感觉自己无事可做			
15. 当完成一件事情有困难时，不会为自己找借口说“明天再做吧”			
16. 从不同时做多件事情，以致哪件事情都做不好			
17. 从未因为顾虑其他事情而无法集中精力做目前该做的事情			
18. 从未在放学回家时感觉精疲力竭			
19. 从不认为没有时间做自己喜欢的事情			
20. 每隔一段时间便检查自己的计划完成情况			

评分标准：选“总是这样”记 2 分，选“有时这样”记 1 分，选“从不这样”记 0 分。

测评结果：得分为 0 ～ 15 分，说明你的时间管理能力还有待提高，需要从计划性、坚持性、合理性、反思性等方面来提高自己的时间管理能力。得分为 16 ～ 30 分，说明你具备较好的时间管理能力，但是在有些方面还有待提高，请认真分析自己平时的表现和本次测试的得分情况，看看自己在哪些方面还需努力。得分为 31 ～ 40 分，说明你具备较好的时间管理能力，只要坚持下去就一定会获得良好的效果。

职业生涯规划的调整

小黄毕业于某财经学院工商财务管理专业。早在大学期间，他就自学了很多有关职业生涯规划的理论知识，并给自己制订了详细的职业生涯规划，也一直努力地朝着自己的职业生涯目标（财务总监）前进。大学毕业后，小黄

的第一份工作是在一家中外合资企业从事财务工作，可是面对财务工作的枯燥乏味，小黄越来越认为这份工作并不是自己真正想从事的职业。经过一段时间的迷惘后，小黄走进了一家专业的职业咨询机构，希望能够从职业规划师那里得到帮助。职业规划师仔细分析后发现，小黄性格开朗外向，喜欢与人交流沟通，于是建议小黄把职业方向放在既需要财务专业知识又需要经常外出与客户沟通的会计事务审计师上。小黄采纳了职业规划师的意见，重新调整了自己的职业生涯规划。经过一段时间的充电后，小黄顺利成为一名大型会计师事务所的审计师。目前，小黄精神焕发，对工作充满信心。

问题 小黄对于职业生涯规划的调整给你什么启示？

拆锦囊 每个人的经历不同、成长的家庭背景与社会背景不同，以及性格差异等，造就了形形色色的个性个体，应制订适合自己的职业生涯规划，量体裁衣地寻找适合自己的社会工作。

第一节　职业生涯规划概述

一、职业生涯的含义

职业生涯是指个体的职业角色发展形态的历程，它是一个复杂的概念，由时间、范围和深度构成。时间是指人的一生中不同的阶段；范围是指人的一生中所扮演的不同职业角色的数量；深度是指人对一种职业角色的投入程度。职业生涯又称职业发展，简单地说，就是一个人一生连续从事的工作行业和工作职务的发展道路，是一个人的终身职业经历，包括就业形态、工作经历及与职业相关的活动等。职业生涯分为外职业生涯和内职业生涯，

话题延伸

每个人在职业生涯的各个阶段都应重视内职业生涯的发展，尤其是在职业生涯早期和中前期，一定要把对内职业生涯各因素的追求放在首位，因为它对一个人职业生涯的成功乃至人生的成功具有关键性作用。

外职业生涯主要是指从事职业时的工作单位、工作内容、工作职务、工作环境、工资待遇等因素的组合及其变化过程；内职业生涯主要是指从事一项职业时所具备的知识、观念、心理素质、能力、内心感受等因素的组合及其变化过程。外职业生涯的因素通常由他人决定、给予，也容易被他人否定、剥夺；内职业生涯的因素主要靠个体自己探索获得，并且不随外职业生涯因素的改变而丧失。

职业生涯的特点

研究职业生涯的特点可以帮助中职生更好地进行职业生涯设计。职业生涯的特点见表 3-2。

表 3-2　职业生涯的特点

特点	解读
可规划性	职业生涯规划的目的不是预言职业生涯发展过程中的具体细节，而是给个人提供一个总体的职业生涯发展状态的指导，战略性地把握职业生涯发展方向。职业生涯发展过程中存在很多偶然性因素，职业生涯的可规划性表现在对职业生涯发展过程中许多偶然性因素的把握上
差异性	作为独特的个体，每个人在个人特质、性格气质、能力特点上都有差异，因而在职业目标的选择、职业规划的确定上都有所不同。在实现职业目标的道路上，个人行为方式的不同、努力程度的不同导致实现目标的结果必然有所差异。正是由于存在这种差异，职业生涯规划才是个性化的。职业生涯规划越个性化，它对个体的职业生涯发展越具有切实的指导意义
阶段性	职业生涯的发展过程可以划分为不同的阶段，每个阶段都有不同的目标和任务，各个阶段之间并不是并列关系，前一阶段的状态是后一阶段的基础，各个阶段之间具有连续性和递进性。利用好职业生涯发展的阶段性、高质量地完成各阶段的任务，对职业生涯的持续发展至关重要
发展性	职业生涯是一个动态的发展过程。一方面，个体自身通过持续不断的努力来提高个人的能力和职业水平，通过实现职业追求来提升个人的价值，从而承担越来越重要的社会角色；另一方面，个体在与他人、环境和社会的互动中，根据自己不断丰富的社会职业信息、个人职业能力、职业决策技术等，设计出与该阶段相符合的职业规划

二、职业生涯规划的含义及类型

（一）职业生涯规划的含义

职业生涯规划简称生涯规划，又称职业生涯设计，是指对职业生涯和人生发展进行系统而持续的计划。一个完整的职业生涯规划由职业定位、目标设定和通道设计三个要素构成。具体来说，职业生涯规划是在对一个人职业生涯的客观条件进行测定、分析和总结的基础上，对自己的兴趣、能力、个性及态度等进行综合分析与权衡，结合时代的特点，根据自己的职业倾向确定最佳的职业定位和奋斗目标，并为实现这一目标做出行之有效的行动计划。

话题延伸

职业生涯规划是给自己的未来绘制理想蓝图的过程，是职业探索与奋斗的过程，其目的是争取最大的收益，少走弯路，不走错路，避免走回头路，选择走最佳的路径来实现职业理想，从而实现自我价值。

（二）职业生涯规划的类型

按时间长短，可以将职业生涯规划分为人生规划、长期规划、中期规划和短期规划（见表3–3）；按处理职业问题时每个人采用的方法不同，可以将职业生涯规划分为依赖型、直觉型和理性型（见表3–4）。

表3-3 按时间长短划分的职业生涯规划

类型	定义及任务
人生规划	整个职业生涯的规划，时间长至40年左右，任务是设定整个人生的发展目标
长期规划	5～10年的规划，主要任务是设定较长远的目标
中期规划	2～5年的规划，主要任务是制定中期的目标与任务
短期规划	2年以内的规划，主要任务是确定近期目标、规划近期完成的任务

表3-4 按处理职业问题的方法不同划分的职业生涯规划

类型	定义
依赖型	依赖父母、朋友、老师，或者遵从书本知识与社会舆论制订相应的计划
直觉型	凭自己的直觉和一时的好恶制订相应的计划
理性型	综合考虑个人和职场等因素，分析利弊得失，制订相应的计划

三、职业生涯规划的构成

职业生涯规划主要由以下几个部分构成，详见表 3-5。

表 3-5　职业生涯规划的构成

构成因素	分析
自我评估	自我评估是对自己做出全面的分析，主要包括对个人的需求、能力、兴趣、性格、气质等的分析，以确定自己具备哪些能力和与之相匹配的职业
组织环境和社会环境分析	组织环境和社会环境分析是对自己所处环境的分析，以确定自己是否适应组织环境或者社会环境的变化，以及怎样调整自己来适应组织环境和社会环境的需要。短期的规划比较注重组织环境的分析，长期的规划更多地注重社会环境的分析
生涯机会的评估	生涯机会的评估包括对长期机会的评估和短期机会的评估。通过对社会环境的分析，结合个人的具体情况，评估有哪些长期的发展机会；通过对组织环境的分析，评估组织内有哪些短期的发展机会，从而确定职业和职业发展目标
职业生涯目标的确定	职业生涯目标的确定包括人生目标、长期目标、中期目标和短期目标的确定，它们分别与人生规划、长期规划、中期规划和短期规划相对应。一般来说，先根据个人的专业、性格、气质、价值观及社会的发展趋势确定自己的人生目标和长期目标，然后把人生目标和长期目标进行分化，根据个人的经历和所处的组织环境制定相应的中期目标与短期目标
制定行动方案	在确定以上各种类型的职业生涯目标后，要制定相应的行动方案来实现它们，把目标转化成具体的方案和措施。这一过程中比较重要的行动方案有职业生涯发展路线的选择、职业的选择和相应的教育与培训计划的制订
评估与反馈	在人生的发展阶段，社会环境的巨大变化和一些不确定因素会使我们的发展轨迹与原定的职业生涯目标和规划有所偏差，这时需要对职业生涯目标与规划进行评估并做出适当的调整，以更好地符合自身发展和社会发展的需要。职业生涯规划的评估与反馈过程是个人对自己不断认识的过程，也是对社会不断认识的过程，是使职业生涯规划更加有效的有力手段

第二节　职业生涯规划的制订

一、职业生涯规划的主要内容

中职生的职业生涯规划要与大学阶段的发展目标相适应，大学阶段的主要任

务是学习、成长和做就业准备，所以中职生职业生涯规划的主要内容应偏重围绕职业定向进行的成长管理与学业生涯规划。

中职生职业生涯规划主要包括以下三个方面的内容。

话题延伸

职业生涯规划是实施就业、创业教育的一个重要载体。对于中职生而言，能否了解自己、规划自己，并进一步发掘自身的特长，对职业发展极其重要。

（1）职业定向。中职生要为职业目标与自己的潜能及客观条件谋求最佳匹配。

（2）职业准备规划。中职生要为升入大学、在大学阶段获得目标职业而进行成长管理。

（3）职业发展管理。中职生在获得相应职业后，要为实现职业发展目标进行相应的规划。

职业生涯规划制订的原则

一份好的中职生职业生涯规划，既要考虑自身因素，又要考虑外部环境因素；既要目标远大，又不能好高骛远；既要具备职业规划的基本要求，又要充分体现中职生阶段的特征。所以，要制定出科学的职业生涯规划方案，应遵循一定的原则，体现出职业生涯本身的特点。

1. 独特性——应针对自身实际情况量身定制

犹如世界上没有两片完全相同的叶子，世界上也没有完全相同的两个人。每个人高矮胖瘦各不同，内在的性格特征、知识结构、兴趣爱好、能力倾向等都有自己的特点，家庭条件、所处的社会环境也都不相同，因而在制订职业生涯规划时不可能找到普遍适用的路径，必须综合考虑个人各个方面的实际情况量身定制；条件相同或类似的人在一定的条件下可以借鉴，但绝不能抄袭，否则就是抄袭了他人的人生、生活在他人的影子里。

2. 可行性——应具有可操作性，实现理想和现实的统一

每个人都有自己的职业理想，但理想是否能够实现，则有赖于职业生涯理想的规划方案是否可行。职业生涯规划方案的可行性体现在两个方面：一是生涯

目标的可行性，即目标的设定是否建立在现实条件的基础上；二是职业行动计划的可行性，即行动计划是否自己可以执行，并根据一定的标准进行考核、监督。

3. 阶段性——职业生涯规划应体现个人发展的阶段性

根据舒伯的生涯彩虹图，个人的职业发展具有阶段性，每个人在人生发展的不同阶段所承担的重点角色是不同的，并有着不同的发展任务。职业生涯规划也应该根据自己的年龄和所处的阶段设计不同的内容，以适应每个发展阶段的特点，充实度过每个阶段，并逐步达成阶段性目标，确保人生发展目标顺利实现。

4. 发展性——职业生涯规划的内容不是一成不变的

职业生涯规划要求具有一定的超前性和预测性。事物是不断发展变化的，所以个体应根据自我发展、社会变迁及其他不可预测的因素主动适应各种变化，及时评估，灵活调整，不断修正、优化自己的职业生涯规划方案。

二、制订职业生涯规划的步骤

在制订职业生涯规划时，中职生要从社会现实和自己的实际情况出发，主动把现实与理想结合起来，既不盲目地好高骛远，又不轻易地妄自菲薄，要脚踏实地、充满自信地面向未来，制订出人生最可行、最有价值的职业生涯规划。

制订职业生涯规划可以归纳为以下六个主要步骤。

（一）客观认识自我，寻找职业方向

认识自我是进行职业生涯设计的第一步。认识自我，既要考虑职业需求，又要考虑自己的个性特长，还要认识到职业岗位与自己的匹配关系。

中职生要充分了解自己的职业兴趣、能力结构、职业价值观、行为风格、优势与劣势等，只有正确地认识自己，才能进行准确的职业定位，并对自己的职业发展目标做出正确的选择，才能选定适合自己发展的职业生涯路线，对自己的职业生涯目标做出最佳选择。在客观认识自我方面，中职生至少需要解决以下几个问题。

（1）我喜欢什么？我的职业兴趣是什么？

（2）我能够做什么？我有什么职业技能？

（3）我适合做什么？我的个人特质是什么？

（4）我最看重什么？ 我的职业价值观如何？

正确的自我认识越来越受到社会各界的关注，如今很多用人单位在招聘员工时要求应聘者进行简单的自我剖析，说明自己的优缺点，列举个人的兴趣爱好等。

另外，在现有认识的基础上，中职生还要对自己通过努力而产生变化的趋势进行分析和预测，预计可能发生的变化及变化可能达到的程度。这既是确定职业生涯目标的重要依据，也是目标实现的具体措施和基础。中职生要相信自己，知识不足可以通过勤奋学习来补充，技能较差可以通过刻苦训练来提高，个性有弱点可以通过努力来调适。

话题延伸

需要注意的是，自我分析要客观、冷静，不能以点代面，既要看到自己的优点，又要直面自己的缺点。只有这样，才能避免职业生涯目标选择的盲目性，达到个体与职业的高度匹配。

客观认识自我的目的是找准优势、找出差距，这样才能在以后的职业生涯中更好地扬长避短，走好人生的每一步。在自我评估中，中职生要充分利用各种科学测评手段，如价值观量表、职业兴趣量表、人格量表等，同时结合在校学习、考试情况，老师、同学、亲朋好友的评价，以及自我判断等。

（二）评估环境

职业生涯环境的评估主要是评估各种环境因素。每个人都处在一定的环境中，离开了环境便无法生存与成长。所以，个人在制订职业生涯规划时，要充分认识与了解相关的环境，评估环境因素对自己的职业生涯发展的影响，分析环境条件的特点、发展变化情况，自己与环境的关系、自己在环境中的地位、环境对自己提出的要求及对自己有利的与不利的条件，把握环境因素的优势与限制，了解本专业、本行业的地位、形势及发展趋势等。个人只有对这些环境因素有了充分的了解，才能在复杂的环境中避害趋利，使职业生涯规划具有实际意义。

此外，家庭环境是每个人在进行职业规划时不得不考虑的一个重要因素。家庭的经济条件、社会关系、成员的健康状况及以后的发展趋势等均与职业生涯发展密切相关。例如，家庭经济条件有限的，可优先考虑就业，而不是再深造，而且所选职业最好是风险小、较稳定的职业。另外，家庭经济状况不是一成不变的，在进行职业生涯规划时应考虑变化的因素。

（三）进行目标定位

目标定位是指在对个人及环境进行分析的基础上确定自己的发展目标。目标定位实际上是人们所说的职业决策。现代人每天都在为自己的生活和发展做出决策：是应该专注学习多一些还是应该参加社会实践多一些呢？毕业后是进修（如专升本）还是直接就业？专升本考哪所学校？直接就业是去企业还是去事业单位？就业是选择将来发展好的单位还是去目前薪酬高的单位？在面临这些抉择时，中职生通常都会产生一些困惑，因此应根据自身的特点和所处的环境做出适合自己的决策。

什么样的选择决定什么样的生活，一个人要想拥有成功、快乐的一生，就需要有明确的目标、清晰的方向，并做出有效的行动。一个没有目标、志向的人就像断了线的风筝，只会在空中东摇西摆，找不到自己的方向，最后会跌落下来。所以，在制订职业生涯规划时确定职业目标非常关键。

（四）选择职业生涯路线

每个人的现实状况与理想目标之间都存在多种可供选择的路径，可以选择不同的行业，选定了行业还可以选择不同的单位，选定了单位还能选择不同的职位等。在选择好职业生涯路线之后，还需要在路线上设置一些节点——阶段性的子目标。这些子目标的设立既是对自己前期工作成绩的肯定，也是对自己下一阶段工作的督促。

事实证明，每个人都有适合自己发展的路径，但每个人都不同，谁也不能完全复制他人的成功之道。职业生涯必须靠个体不断尝试和探索，这可以为选择职业生涯路线提供可行性意见和建议，引导个体进行正确的选择。

话题延伸

中职生在设定职业生涯目标的时候不能仅凭个人的美好愿望和想象，而应根据现实环境和自身的条件来确定切实可行的职业生涯目标，并以此为动力积极排除各种干扰，努力保证职业生涯规划的实现。中职生在进入社会时所选职业适合与否，直接关系到下一阶段的长期发展问题。

（五）确定行动方案并实施

在确定职业生涯目标后，行动便成了关键的环节。没有达成目标的行动，目标就难以实现，也就谈不上事业的成功。这里所指的行动是指落实目标的具体措施，主要包括学习、见习、实习、社会实践、培训等。例如，为达成目标，在社会工作方面计划采取什么措施提高工作效率，在专业学习方面计划学习哪些知识和掌握哪些技能来提高专业能力，在潜能开发方面计划采取什么措施开发潜能等。所以，在制定实现职业生涯目标的行动方案后，要有具体的行为措施来保证。没有行动，职业生涯目标只能是一种梦想。

（六）评估、反馈与调整

俗话说，计划赶不上变化。影响职业生涯规划的因素有很多，有的变化因素是可以预测的，有的变化因素难以预测。因此，要使自己的职业生涯规划行之有效，就需要对职业生涯规划进行评估和反馈，从而进行调整与修改。实际上，评估反馈与调整的过程既是个人对自我与社会的认识不断深化的过程，也是职业生涯规划真正发挥作用的有效方式，对职业生涯规划的评估反馈与调整主要包括对职业的重新选择、对职业生涯路线的重新选择、对职业目标的修正、对实施措施与计划的变更等。

话题延伸

评估职业生涯规划时，认定职业生涯成功的标准非常重要。中职生需要对职业生涯成功与否进行全面评价，从而决定如何修改自己的职业生涯规划，使职业生涯规划得以真正实现。

第三节　职业生涯规划的评估与调整

一、职业生涯规划的评估

（一）评估的内容

1. 职业生涯目标评估

中职生如果一直无法找到所希望的学习和工作机会，则应根据现实情况重新选择职业生涯目标；如果一直无法适应或实现所设计的职业生涯目标，在学习与工作中得不到应有的发展，导致自身长期压抑、不开心，则应考虑修正和调整职业生涯规划。

2. 职业生涯路径评估

当出现适合自身发展和职业生涯发展的机会或选择，而原定发展方向缺少发展前景时，应尝试调整发展方向。

3. 实施策略评估

中职生如果在其他地方可以找到一份令自己和家人都十分满意的工作，就应前往该地；如果家人无法随自己工作的地方定居、工作，在征询家人的意见后，应考虑改变计划，前往他地；如果在已定区域和职业选择上得不到发展，应考虑改变行动策略。

4. 其他因素评估

如果家庭需要更多的照顾，则应把更多的精力放在家庭上；如果身体条件不允许，则应降低职业要求；如果还有其他因素，则必须根据实际情况调整职业生涯规划。

（二）评估的方法

职业生涯规划评估的方法详见表 3-6。

表 3-6　职业生涯规划评估的方法

方法	解读
反思法	回顾职业生涯规划实践，反思职业生涯规划中计划的学习时间是否充足，学习有哪些收获，学习中还存在哪些问题，等等
调查法	中职生要在职业生涯规划的每个近期目标实现后对下一步的主客观环境、条件做些调查、分析，看看条件是否发生变化，哪些条件变好，哪些条件变坏，总体情况如何等。中职生要做到心中有数，并根据变化了的情况恰当地修改计划
对比法	每个人都有自己的方法，所以中职生在修改、制订职业生涯规划时应多比、多思、多学，借鉴他人科学的方法。对他人的职业生涯规划的分析，往往有助于自己对职业生涯规划进行修改
求教法	中职生应把职业生涯规划、追求告诉朋友、长辈，让他们监督自己。自我反思往往比较困难，但他人能从旁观者的角度清楚地看到自己的弱点。虚心、主动、积极、经常地征求他人对自己计划的看法及修改意见，往往会受益匪浅

（三）评估的要点

评估时可以将短期、中期的预定目标和实际结果做比较。一般来说，任何形式的评估都可以归结为自我素质和行为对现实环境的适应性判断，应分析自己的现值，特别是针对变化的环境找出偏差所在，并做出修正。

1. 抓住最重要的内容

如果猎人同时瞄准多只兔子，那么他可能一只兔子都打不到。同样，中职生在职业生涯规划评估过程中也不必面面俱到，而应抓住一两个关键目标和最主要的策略方案进行追踪。在职业生涯的某一个阶段（一两年或三五年内）总有一个最重要的目标，应重点评估为达到最重要的目标而实施的策略的效果。

2. 分离出最新的需求

针对变化了的内外环境，中职生要善于发掘最新的趋势和影响。俗话说“跟上形势”，对于新的变化和需求，中职生重点要做的是找到什么样的策略才是最有效且最有新意的。

3. 找到突破方向

有时候，在某一点上取得突破性的进展将使整个局面发生意想不到的改变。所以，中职生应该想一想，职业生涯规划方案中的哪一条对目标的达成有突破性的影响，是否达成了该目标，没达成该目标的原因是什么，如何寻求新的突破，等等。

4. 关注最弱点

管理学中有个著名的“木桶理论”，即一只沿口不齐的木桶，其容量的大小不取决于最长的那块木板，而取决于最短的那块木板。在反馈与评估的过程中，中职生要肯定自己取得的成绩与长处，但更重要的是切合变化的环境发现自己的素质与策略的“短木板”，并想办法修正，或者把这块木板换掉，或者接补增长。唯有如此，职业生涯规划“这只木桶”才能有更大的容量。

中职生还可以评估在制定实施策略前，通过分析发现的劣势是否通过阶段行动的努力而有所改观，如果没有改观，则要考虑为什么会行而无效或行不通，以及差距在哪里。一般来说，短板可能存在于下列方面。

（1）观念差距。观念陈旧往往会造成策略失误，导致行动失效。

（2）知识差距。知识差距是指按照实施策略所积累的知识仍然不够用或学错方向。

（3）能力差距。环境在变化，对人的能力的要求也在不断变化。彼时通过努力提高了某些能力，但此时可能会出现新的差距。另外，要反思前一阶段是否坚持执行计划提高了能力，能力提高了多少，遇到什么困难等，这些对以后的职业发展都具有重要的启发作用。

（4）心理素质差距。在很多时候，我们没有取得预期的进步，并不是规划得不够好，或者措施不够得当，而是心理素质不够强。一个人职业生涯的发展过程首先是其心理素质的成长过程。

二、职业生涯规划的调整

在执行职业生涯规划过程中，中职生对社会、组织环境和自己都有了更清晰的认识与了解，回过头来审视当初所选择的职业、设计的路径、采取的措施，或许会发现各种问题。发现问题是职业生涯调整的基础，调整并非放弃，而是与时俱进。

（一）调整的目标

职业生涯发展规划总是在行动中调整，在调整中完善。调整让我们更好地把握职业发展的机会，促进个人素质提升和潜能挖掘，体现个人价值，为社会做出应有的贡献。有了长远而宏观的视野，我们要在职业发展的各个阶段或每过一段时间都审视内在环境和外在环境的变化，并且对自己的职业生涯发展及规划做出相应的调整。

话题延伸

职业生涯规划不是将职业目标定得越高越好，而应切合实际，是可行的。可以按计划一步步完成的规划才是好的职业生涯规划。

知识之窗

职业生涯规划调整的原则

（1）清晰性原则。调整后的目标、措施应清晰且明确，实现目标的路径及各阶段的时间安排应具体可行，实施的步骤应直截了当。

（2）变动性原则。做调整时必须考虑自己的特质、社会环境、组织环境及其他相关的因素，清楚哪些因素可能带来变化，目标或措施是否有弹性或缓冲性，以及是否能依据社会、环境的变化而调整。

（3）一致性原则。应考虑主要目标与分目标是否一致，目标与措施是否一致，个人目标与组织发展目标是否一致，职业生涯目标与行业发展是否一致。

（4）激励性原则。应考虑目标与措施是否具有挑战性，是否符合自己的性格、兴趣和特长，是否对自己产生内在激励作用。

（5）可评量原则。调整方案的设计应有明确的时间限制或标准，易评估、检查，使自己随时掌握方案的执行状况，并为下一次的调整提供参考依据。

（二）调整的方法

1. 重新剖析自我

中职生要加深对自己的认识，检验自己的职业素质是否适合所选择的职业，弄清楚“我能做什么”，在此基础上选择更适合自己的职业方向。

2. 重新进行职业选择

人的一生充满了选择，职业选择往往也不是一次就能成功的。中职生职业生涯目标的设定要结合自身因素、环境因素和职业因素，要基于个人兴趣、价值观和专业技能来确定将来所从事的职业。职业生涯目标的设定过程中会出现各种原因使对主客观的评估不够恰当，导致职业选择错误的情况。个体从事某一种职业一段时间后可能会发现所从事的工作难以发挥自己的特长，难以培养职业兴趣，或者感到工作非常吃力、难以胜任。这时，个体要根据自身的能力和周围的环境对职业生涯机会进行重新评估，并根据新的评估结果选择职业，避免做更多的无用功。

重新选择职业要慎之又慎。首先，应客观、全面地考虑自己的处境，不可以感情用事；其次，应重新审视自己，审视自己所从事的工作与自身的能力、兴趣、个性、价值观念等是否存在不可调和的矛盾；最后，应选准新的职业生涯目标，做好重新选择的善后工作。

3. 修正职业生涯目标

从某种意义上讲，职业生涯规划的实施过程就是缩短现有能力水平与预期目标差距的过程。个体在设定职业生涯目标后，有时会因为自身能力的改变和周围环境的变化而无法达到预期的效果。

个体在进行职业生涯目标修正时应该注意以下几个方面。

（1）修正职业生涯目标不宜过于频繁，应以实际需求为基础，根据外部环境和自身情况决定是否需要修正。

（2）在具体操作时，应在前期方案实施效果评估的基础上充分考虑影响职业发展的各种因素，制定符合自身实际的修正方案。

（3）职业生涯目标的修正可以作为下一轮职业生涯设计的参考依据。

4. 修订措施与计划

任何职业生涯目标的完成都是逐步优化、完善的过程。在方案实施的过程中，当工作的实际成效不理想或与预定目标存在较大的差距时，应重新审视自己的实施措施是否恰当，并适时改变目标实现方式。有时候，后续阶段的计划要根据前期阶段的工作成果才能进一步安排，难以把一段时期以后的计划做得非常具体。所以，经常会在总体里程碑计划的框架下分阶段地制订具体计划。这样，在整个职业生涯规划的过程中，每个阶段计划的细化其实也是对整个计划所做的变更。

> **话题延伸**
>
> 当职业生涯目标或者个人自身因素发生变化时，中职生要根据变化了的形势调整个人的目标。

（三）调整的策略

1. 尽量不改变目标

成功的人可以无数次修改方法，但绝不放弃目标；不成功的人总是改变目标，却从不改变方法。调整职业生涯首先考虑的是修正计划，而不是修正目标。如果修正计划以后仍无法达成目标，可以修正目标达成的时间；如果修正目标达成的时间还不可行，可以修正目标的数量。在万不得已时可放弃原来的目标，确立新的目

> **话题延伸**
>
> 通过变更手段，既能避免在职业生涯规划初期因信息不充分、不准确而制订无谓的远期详细计划，又能在职业生涯目标实现过程中根据个人实际的进展情况及时制订出可行的详细计划。

标。但面对新的目标，切勿重复原来的行动，一定要修正、调整行动计划，寻求新的路径，采取新的措施。

2. 随变化及时调整

变化无时不在，调整也无时不在。调整有对主攻方向的调整、在原定目标基础上的调整、在获得信息反馈中的调整、从预测未来中进行的调整、对具体阶段的目标视情况进行的调整等。调整要讲究时效性。一旦发现职业生涯中出现问题，不管问题是大还是小，都应该及时进行调整和修订，或做出新的选择，或拿出新的方案，走出新的一步。绝不拖延调整的时间，以避免错过调整的最佳时机；绝不能把问题留到下一个环节，以避免出现更大的失误。

3. 选择好调整时机

对于初次走上社会的中职生，他们的职业生涯调整的最佳时期有两个：一是毕业前夕，这时有了求职的实践，可根据新的求职信息和供需实际在求职过程中进行调整；二是工作 3 年左右时，这时有了从业的实践经验，可根据从业过程对自身条件的检验，根据周围环境和自身素质的变化，及时进行调整。这两次调整既可以是近期目标即具体目标岗位的调整，也可以是远期目标或职业生涯发展路线的调整。

（四）调整方案的执行

调整固然重要，但调整方案的执行才是职业生涯管理的终极目标。没有执行何来目标的实现？所以，一旦调整职业生涯规划，就应制定并执行新的行动方案。那么，中职生应怎样执行新的方案呢？

话题延伸

目标的存在只是为我们的前进指示一个方向，而我们才是它的创造者。我们可以在不同时间、不同环境下更改它，让它更符合自己的理想。只要我们能灵活地驾驭自己的职业生涯设计与规划，无论各种因素如何变化，都难以阻挡我们前进的步伐。

（1）建立积极心态，严格执行调整的方案。不要以为调整职业生涯方案是宣告职业生涯失败，调整是为了更好地前进。要避免消极思想对行动的影响，让自己充满信心重新上路。要相信，当问题与环境有关时，我们可能无力改变环境，但是一定能把握自己。遇到问题只会抱怨于事无补，不如想出一些补救的办法来得有意义。我们要相信自己的智慧和力量，只要坚定地执行，一定会梦想成真。

（2）使用科学的方法继续进行评估与反馈。让自己时刻保持最佳状态，不断地总结经验、教训，跨越障碍，才能走得直、走得快、走得稳。

（3）树立创新意识，发现问题及时调整。没有一成不变的计划，在执行新的计划的过程中可能又会发现新的问题，我们只需要继续调整，使职业生涯发展规划始终可持续发展即可。

（4）树立终身学习的理念，以不变应万变。职业演变更新速度正在加快，21 世纪的职业每 15 年更新 20%，50 年后现在的大部分职业将消失。经济社会发展、科技进步对职业演变具有重要影响，不学习就要落后。所以，中职生应养成自学的好习惯，做学习型人才，用知识奠定职业行为的底气，有了底气才能在变化的职业发展中体现出智慧和机智，才能以不变应万变。

话题延伸

职业生涯规划是一项复杂而持续的工程，中职生要用发展的眼光随着动态环境的变化随时进行评估与反馈、调整、修正，让职业生涯规划更适合自身和社会发展的需要，使自己真正成为人生的赢家。

榜样激励

到祖国最需要的地方去

清华大学博士生魏宇杰进疆 7 年了。2015 年 8 月，他告别清华园，只身来到乌鲁木齐。后来，他到南疆任兵团第三师五十一团党委副书记、团长，在脱贫攻坚主战场挥洒青春和汗水。

魏宇杰说，“到祖国最需要的地方去”是每个清华学子耳熟能详的铿锵誓言。2017 年 11 月，他被选调到兵团党委团场改革办工作。

“既然选择了西部，就要勇往直前。”魏宇杰带领组内 10 名同志每天加班，连续 8 个月，每周休息不到半天，以出色的工作成绩赢得了人们的认可。

2018 年 11 月，魏宇杰被派到南疆兵团第三师五十一团工作。五十一团是国家级深度贫困团场，也是南疆师团中人口最多的团场。当时，当地建卡立档贫困户人口占兵团贫困人口的 44%，是兵团脱贫攻坚的“坚中之坚”。

“群众最关心的还是如何增加收入。”魏宇杰开始一家一家地了解情况，把

群众的需求一条一条地记录下来。

稳定就业是“牛鼻子”，被放在首要位置。魏宇杰与团党委班子决定，利用废旧厂房办纯净水厂、生活纸厂、防冻阀厂、馕厂、红柳烤肉厂，让群众在家门口就能打工，既能赚钱有收入，又能照顾老人和孩子。

学前教育是五十一团的“短板”。其中，师资力量薄弱是最突出的问题。2019年6月，魏宇杰通过清华校友会了解到，清华幼教资源中心正在新疆大力开展帮扶工作。经过多方协调和努力，一个月后，五十一团与清华幼教资源中心达成合作协议，引入清华幼教中心的先进管理办法、科学保教理念和优质教学资源。近两年，五十一团在各方面都有了让人欣喜的变化。在冒着沙尘勇往直前的日子里，魏宇杰和各族群众交流的能力提升了，与群众的感情距离更近了。

“每当夜深人静，我都在想，来到兵团工作，最大的收获就是精神上的富足。”魏宇杰说，如果时光倒流，他依然会选择来新疆，到祖国最需要的地方去。

资料来源：杨明方：《传承红色基因　推动事业发展》，《人民日报》，2021年6月7日第11版。（收入本书时略有改动）

模块训练

职业生涯规划训练

一、画出自己的目标多叉树

训练目标：

把握目标分解和组合的方法，学会参考实际对职业目标进行分解。

训练步骤：

步骤1　绘制目标多叉树。准备好彩笔，在纸上画一棵大树。用树干表示职业理想的大目标，每个树枝代表职业理想中的小目标，叶子就是现在的目标或现在要做的事情、要达到的结果。

步骤2　将学生分组，开展组内讨论。学生4人为一组，自由组合，将自己绘制的目标多叉树展示给同学看。小组内的成员应思考以下问题。

（1）自己的大目标与小目标的组合是否合理？为什么？

（2）小组其他成员的大目标与小目标的组合是否合理？为什么？

步骤3　认真反思，修订目标多叉树。认真听取同学的意见和建议，反复思考自己绘制的目标多叉树，找出不合理的地方并进行修订。

步骤4　评选优秀作品。组织学生开展目标多叉树优秀作品评选活动，获奖的同学分享自己的绘制心得。

二、学期行动计划

实训目标：

掌握制订目标计划的方法，分析现实与目标的差距。

实训步骤：

步骤1　参考表3-7制订学期行动计划。评估现实与目标的差距，制定、完善实施方案，逐步完成目标。

表3-7　学期行动计划

起止时间	阶段目标	评估差距	实施方案	完成情况

步骤2　探究与思考。

（1）查看自己制订的学期行动计划，评估其可行性。

（2）自我评估是否能够完成这学期的行动计划，制定合理的行动方案。

三、调整职业生涯规划

实训目标：

了解和掌握职业生涯规划调整的方法，学会撰写调整方案。

实训步骤：

步骤1　阅读下面的案例，请你为方丽设计一份职业生涯规划调整方案（表3-8），帮她调整职业生涯目标，并为她设计新的实施方案。如果你认为外部环境的变化不影响职业生涯目标的执行，请你为她设计适合现状的实施方案。

大部分人第一次选择职业的成功概率不是很高，一般会在一段时间后调整职业生涯目标，如果目标与现实偏差大还会选择转专业或转行，使之更加符合自己的发展条件。

来自农村的中职生方丽一直希望自己成为一名出色的会计师，她为自己绘制了美好的蓝图，也正在努力地朝目标奋斗。还有一年就要毕业了，方丽对未来充满了憧憬。可家庭突遭变故，导致方丽可能辍学，她的职业生涯目标也将面临搁浅。面对这样的情况，方丽应该怎么办呢？

职业生涯调整既要应对外部条件的变化，又要适应自身素质变化的需要。方丽应该怎样调整自己的职业生涯规划呢？

表 3-8 职业生涯规划调整方案

姓名：方丽
调整的主要原因：家庭变故
原职业生涯目标：会计师
现职业生涯目标：
实施方案：
撰写人：
撰写时间：

步骤 2 请将你设计的调整方案与老师和同学们分享，并请老师和同学们评估该方案的可行性。请将老师和同学们的评价意见总结如下。

（1）____

（2）____

（3）____

（4）____

职业生涯规划主要分为四个步骤：正确评价自己、定位职业目标、选择职业、进行职业生涯具体规划。许多人失败不仅在于前进道路上的艰难险阻，还在于没有信心实现成功的目标。我们要坚信，只要定位准确，就能为自己插上腾飞的翅膀，飞向理想的地方。请填写表 3-9，做好个人职业生涯规划。

表 3-9　职业生涯规划档案信息表

姓名：	性别：	年龄：	学校：	专业：
内容：				
规划目的：				
自我分析（特征、优势、劣势）：				
职业分析（发展阶段、规划时间、行为、目标及监测指标等）：				
形式（可以将记叙和表格相结合，也可以用完整且系统的表格形式呈现）：				

模块四

素质养成：提升个人修养

模块目标

素质目标：保守国家秘密，保卫国家安全，做一个爱岗敬业、诚实守信、办事公道、热情服务、奉献社会的人。

知识目标：了解国家安全的含义，熟悉总体国家安全观的核心要义；熟悉国家安全体系的构成；了解爱岗敬业、诚实守信、办事公道、热情服务和奉献社会的含义及基本要求；了解工匠精神的内涵，掌握弘扬工匠精神的现实要求。

能力目标：掌握践行工匠精神的方法。

思政树人

从纺织女工到人大代表

全国人民代表大会代表王晓菲是一名来自山东省德州市的纺织女工。2003年，她从纺织技校毕业后一直从事纺纱工作。如今，她在德州恒丰集团细纱车间已经工作多年。

1. 大胆创新，提高生产效率

纺织车间噪声大、环境差、三班倒，但纺织人不怕苦，不怕累，坚持坚守一线，用汗水满足人们追求绿色、健康、时尚的服装服饰需求。为了提高企业的生产效率，缓解兄弟姐妹的劳动强度，2007年，王晓菲和同事一起经过两个多月的反复研究、试验，创造出“紧密纺绕皮辊斜接头操作法”，突破了传统的正向抵管接头法。在应用新方法之后，一个车间43台车每班用工减少6人，但每天的产量增加 1 吨（1 吨 =1 000 千克）多，同时纱线断头率下降了近五成。

2. 创新纺织产品走向全国、走向世界，“山东好品”闪耀北京冬奥会

王晓菲认为，传统产业不是夕阳产业，只要坚持创新引领，传统产业也是朝阳产业。凭借不断增强的创新实力，现在恒丰集团越来越多的创新纺织产品走向全国、走向世界。多年的车间一线工作经历让王晓菲认识到，工匠精神既存在于“高、精、尖”的产业和领域，也存在于每个普普通通的车间里。

3. 深入基层倾听群众的心声，弘扬工匠精神，擦亮中国纺织制造品牌

身在基层工作，王晓菲有更多机会了解人民群众的心声。近年来，王晓菲走访了上百个企业、社区，深入了解他们的所思所想。在全国人民代表大会上，王晓菲提出的完善企业技能人才自主评价的建议，得到有关部门的积极支持，帮助解决了政策上的难题。作为新时代的纺织女工、全国人大代表，王晓菲表示，继续坚守岗位，将工匠精神传承下去，用创新和努力擦亮中国纺织制造品牌。

工匠精神是对自己的工作和产品精雕细琢、精益求精的精神理念，是一种情怀、一种执着、一份坚守、一份责任。从本质上来说，工匠精神是一种职业精神，是职业道德、职业能力、职业品质的体现，是从业者的一种职业价值取向和行为表现。工匠精神就是追求卓越的创造精神、精益求精的品质精神和用户至上的服务精神。

资料来源：《从纺织女工到人大代表　王晓菲：让工匠精神在车间发光出彩》，学习强国网站，2022 年 3 月 11 日。（收入本书时略有改动）

自我诊断

从业人员在长期的职业活动中经过自己的学习、认识和亲身体验，知道怎样做是对的，怎样做是错的，有意识地内化、积淀和升华的这一心理品质就是职业素质的内在性。请完成表 4-1 中综合职业素养自我诊断条目。

表 4-1　综合职业素养自我诊断

观点描述	你的选择	
	赞成	不赞成
1. 以诚实守信的态度对待职业		

表4-1（续）

观点描述	你的选择	
	赞成	不赞成
2. 公司的利益高于一切		
3. 廉洁自律，秉公办事		
4. 全力维护公司品牌		
5. 严格遵守职业规范和公司制度		
6. 克服自私心理，树立节约意识		
7. 绝不泄露公司机密		
8. 培养职业美德，缔造人格魅力		
9. 忠诚对待公司		
10. 敬业是做事的基本原则		
11. 以顾客的眼光看事情		
12. 为实现自我价值而工作		
13. 耐心对待客户		
14. 积极应对工作中的困境		
15. 把职业当成事业		
16. 懂得感恩，接受工作的全部		
17. 对自己的言行负一切责任		
18. 不断创新，为公司注入新元素		
19. 用最高的职业标准要求自己		
20. 正确对待与同级、上级的关系		
21. 一切都应以业绩为导向		
22. 明白团队是个人事业成功的基石		
23. 懂得分享，不独占团队成果		
24. 个人因为团队而更加强大		
25. 与不同性格的团队成员默契配合		
26. 面对问题要学会借力与合作		

表4-1（续）

观点描述	你的选择	
	赞成	不赞成
27. 通过认同的力量增强团队意识		
28. 帮助他人就是帮助自己		
29. 顾全大局，甘当配角		
30. 养成整洁、有条理的习惯		
31. 专心致志，有始有终		
32. 制订时间管理计划		
33. 培养快速的节奏感		
34. 学会授权		
35. 简化工作流程		
36. 学习高效的会议技巧		
37. 制定清晰的职业目标		
38. 重视职业中的每个细节		
39. 学以致用，把知识转化为职业能力		
40. 多给客户一些有价值的建议		
41. 把复杂的工作简单化		
42. 善于学习，适应变化		
43. 第一次就把事情做对		
44. 突破职业思维，具备创新精神		
45. 加强沟通，把话说得恰到好处		
46. 互相尊重		
47. 学会反省		
48. 不攻击，不说教		
49. 理性沟通，不理性时不要沟通		
50. 不毫无根据地批评，不责备，不抱怨		
51. 情绪不好时不要沟通，尤其是不能做决定		
52. 讲出来，尤其是坦白地讲出内心的感受、想法和期望，但绝对不是批评、责备、抱怨、攻击		

表4-1（续）

观点描述	你的选择	
	赞成	不赞成
53. 绝不口出恶言		
54. 不说不该说的话		

情境思考

为境外刺探、非法提供国家秘密案

被告人陈某某系某职业技术学院学生。2020年2月中旬，陈某某通过“探探”App平台结识了境外人员“涵”。陈某某在明知“涵”是境外人员的情况下，为获取报酬，于2020年3月至7月，按照“涵”的要求多次前往军港等军事基地观察、搜集、拍摄涉军装备及部队位置等信息，并通过微信、坚果云等软件发送给“涵”。陈某某先后收受“涵”通过微信、支付宝转账的报酬，共计人民币1万余元及鱼竿、卡西欧手表等财物。经密级鉴定，陈某某发送给“涵”的图片涉及1项机密级军事秘密、2项秘密级军事秘密和2项内部事项。

最终，陈某某因犯为境外刺探、非法提供国家秘密罪被判处有期徒刑6年，剥夺政治权利2年，并处没收个人财产人民币1万元。

资料来源：《检察机关依法惩治危害国家安全犯罪典型案例》，中华人民共和国最高人民检察院网站，2022年4月16日。（收入本书时略有改动）

问题 你从陈某某为境外刺探、非法提供国家秘密案中体悟出了什么？

拆锦囊 近年来，随着互联网科技的迅速发展，网络招聘、网络交友等社交软件成了境外敌对势力渗透的温床，他们利用网络发布高薪兼职信息，宣称“兼职技术含量不高、工作时间灵活且报酬优厚”，极具诱惑性和误导性。网络求职者就业需求强烈，加上对国家安全知识缺乏了解，在“高报酬”的诱惑下极易成为境外不法分子的“猎物”。尤其是学生、务工人员及无业青年，他们在网络求职或使用社交软件交友时极易被境外人员策反利用。

第一节　维护国家安全

一、国家安全的含义

国家安全是指国家政权、主权统一和领土完整，人民福祉，经济社会可持续发展和国家其他重大利益相对处于没有危险和不受内外威胁的状态，以及保障持续安全状态的能力。国家安全体系既包含传统领域的安全，也包含新型领域的安全。

二、总体国家安全观的核心要义

总体国家安全观从系统、全面、整体视角认识和把握国家安全问题，是一个内容丰富、开放包容、不断发展的思想体系，其核心要义可以概括为五大要素和五对关系。五大要素是以人民安全为宗旨，以政治安全为根本，以经济安全为基础，以军事、科技、文化、社会安全为保障，以促进国际安全为依托。五对关系是既重视发展问题，又重视安全问题；既重视外部安全，又重视内部安全；既重视国土安全，又重视国民安全；既重视传统安全，又重视非传统安全；既重视自身安全，又重视共同安全。

话题延伸

厘清五大要素、把握五对关系是理解总体国家安全观的关键。

全民国家安全教育日活动标识

全民国家安全教育日活动标识由数字415、红星和光芒组成，如图4-1所示。数字4的设计形似宣誓的动作，表现出全国人民誓要维护国家安全的决心，以及“安全有我”的个人责任感，同时有利于提高415的辨识度，便于传播。数字415意指4月15日全民国家安全教育日，简洁明了。红星在数字上方闪耀，意指在党的领导下，国家安全得到全面加强，光明前景催人奋进。数字

415和红星组成稳定的三角形，光芒闪耀，使整个标识呈优美的扇形。文字“全民国家安全教育”位于标识下方，黑色字体稳重，托举扇形，意指全民国家安全教育坚如磐石。

图 4-1　全民国家安全教育日活动标识

三、国家安全体系的构成

国家安全体系的构成详见表 4-2。

表 4-2　国家安全体系的构成

构成要素	解读
政治安全	政治安全不仅关系到国家的长治久安，更与民族复兴和人民福祉休戚相关，其核心是政权安全和制度安全
国土安全	国土安全涵盖领土、自然资源、基础设施等要素，是指领土完整、国家统一、海洋权益及边疆边境不受侵犯或免受威胁的状态
军事安全	军事安全是指国家不受外部军事入侵和战争威胁的状态，以及保障这一持续安全状态的能力
经济安全	经济安全的核心是坚持社会主义基本经济制度不动摇，不断完善社会主义市场经济体制，坚持发展是硬道理，不断提高国家的经济整体实力、竞争力、抵御国内外各种冲击和威胁的能力，重点防控各种重大风险挑战、保护国家根本利益不受侵害
文化安全	文化是一个国家、一个民族的灵魂。文化兴则国运兴，文化强则民族强。文化安全是指一国的观念形态的文化生存和发展不受国内外威胁的客观状态，以及保障这一持续安全状态的能力

表4-2（续）

构成要素	解读
社会安全	社会安全涉及打击犯罪、维护稳定、社会治理、公共服务等方面，涉及生产、工作、生活等环节，既事关每个社会成员的切身利益，也事关国家经济发展和社会稳定，对于保障人民安居乐业、社会安定有序、国家长治久安具有重大意义
科技安全	科技安全是指科技体系完整有效，国家重点领域核心技术安全可控，国家核心利益和安全不受外部科技优势危害，以及保障这一持续安全状态的能力
网络安全	当今世界，以互联网为代表的信息技术日新月异，对人类社会发展进程产生深刻影响。网络空间成为与陆地、海洋、天空、太空同等重要的人类活动新领域
生态安全	生态安全是指一个国家具有支撑国家生存发展的较为完整、不受威胁的生态系统，以及应对国内外重大生态问题的能力
资源安全	资源作为战略保障，是国家维护政治、军事安全的基础，是经济社会平稳、可持续发展必不可少的要素。从国家安全的角度看，资源的构成包括水资源、能源资源、土地资源、矿产资源等方面
核安全	核安全是指防范核威胁和核攻击，防范核犯罪、核事故所造成的核危害，最终在实现无核武器世界的条件下确保核材料、核设施的安全
海外利益安全	海外利益安全主要包括海外能源资源安全、海上战略通道，以及海外公民、法人的安全。随着新一轮对外开放的全面推进，特别是“一带一路”倡议的加快实施，海外利益安全日益关乎我国整体发展利益和国家安全
太空、深海、极地、生物等不断拓展的新型领域安全	对太空、深海、极地、生物等的发展探索和保护利用是未来国际竞争的新焦点。这些领域的安全需要加快探索，面临技术挑战、参与国际规则制定等问题。维护新型领域安全必须推进顶层设计、加快人才培养、深化国际合作等

四、保守国家秘密

国家秘密是关系国家安全和利益，依照法定程序确定，在一定时间内只限一定范围的人员知悉的事项。《中华人民共和国保守国家秘密法》第五条规定，国家秘密受法律保护。一切国家机关和武装力量、各政党和各人民团体、企业事业组织和其他社会组织以及公民都有保密的义务。任何危害国家安全的行为，都必须受到法律追究。

（一）国家秘密的范围

涉及国家安全和利益的事项，泄露后可能损害国家在政治、经济、国防、外交等领域的安全和利益的，应当确定为国家秘密。

（1）国家事务重大决策中的秘密事项。

（2）国防建设和武装力量活动中的秘密事项。

（3）外交和外事活动中的秘密事项以及对外承担保密义务的秘密事项。

（4）国民经济和社会发展中的秘密事项。

（5）科学技术中的秘密事项。

（6）维护国家安全活动和追查刑事犯罪中的秘密事项。

（7）经国家保密行政管理部门确定的其他秘密事项。

此外，政党的秘密事项中符合前款规定的，属于国家秘密。

（二）国家秘密的载体

国家秘密的载体是指载有国家秘密信息的物体。国家秘密的载体主要有以下几类。

（1）以文字、图形、符号记录国家秘密信息的纸介质载体，如国家秘密文件、资料、文稿、档案、电报、信函、数据统计、图表、地图、照片、书刊等。这种载体形式是目前最常见的国家秘密载体。

（2）以磁性物质记录国家秘密信息的载体，如记录国家秘密信息的计算机磁盘（软盘、硬盘）、磁带、录音带、录像带等。这种载体形式随着办公现代化技术的发展将越来越多。

（3）以电、光信号记录传输国家秘密信息的载体，如电波、光纤等。国家秘密以某种信号形式在这些载体上流动、传输，只有通过一定技术手段才能还原、知悉信息的具体内容。

（4）含有国家秘密信息的设备、仪器、产品等载体。

上述四种载体是国家秘密载体的基本形式。我们开展的保密工作主要是针对这些有形的国家秘密事项的载体，依照法定程序对国家秘密确定密级，制定具体保密措施，将这些秘密载体管住、管好。

（三）密级的划分

国家秘密的密级分为绝密、机密、秘密三级。绝密级国家秘密是最重要的国家秘密，泄露会使国家安全和利益遭受特别严重的损害；机密级国家秘密是重要的国家秘密，泄露会使国家安全和利益遭受严重的损害；秘密级国家秘密是一般的国家秘密，泄露会使国家安全和利益遭受损害。国家秘密的保密期限，除另有规定外，绝密级国家秘密不超过 30 年，机密级国家秘密不超过 20 年，秘密级国家秘密不超过 10 年。

（四）失密和泄密

失密是指由于组织或个人的疏忽而导致国家秘密被不应知悉者知悉，不存在主观泄密的动机。泄密即泄露国家秘密，是指违反保密法律法规和规章的下列行为之一：使国家秘密被不应知悉者知悉的；使国家秘密超出了限定的接触范围，而不能证明未被不应知悉者知悉的。

《中华人民共和国保守国家秘密法》第二十六条规定，国家秘密载体的制作、收发、传递、使用、复制、保存、维修和销毁，应当符合国家保密规定。

绝密级国家秘密载体应当在符合国家保密标准的设施、设备中保存，并指定专人管理；未经原定密机关、单位或者其上级机关批准，不得复制和摘抄；收发、传递和外出携带，应当指定人员负责，并采取必要的安全措施。

第二十七条规定，属于国家秘密的设备、产品的研制、生产、运输、使用、保存、维修和销毁，应当符合国家保密规定。

第二十八条规定，机关、单位应当加强对国家秘密载体的管理，任何组织和个人不得有下列行为：

（1）非法获取、持有国家秘密载体。

（2）买卖、转送或者私自销毁国家秘密载体。

（3）通过普通邮政、快递等无保密措施的渠道传递国家秘密载体。

（4）寄递、托运国家秘密载体出境。

（5）未经有关主管部门批准，携带、传递国家秘密载体出境。

（6）其他违反国家秘密载体保密规定的行为。

五、反间谍行为

中华人民共和国公民有维护国家的安全、荣誉和利益的义务，不得有危害国

家的安全、荣誉和利益的行为。

《中华人民共和国反间谍法》第四条规定，本法所称间谍行为，是指下列行为：

（1）间谍组织及其代理人实施或者指使、资助他人实施，或者境内外机构、组织、个人与其相勾结实施的危害中华人民共和国国家安全的活动。

（2）参加间谍组织或者接受间谍组织及其代理人的任务，或者投靠间谍组织及其代理人。

（3）间谍组织及其代理人以外的其他境外机构、组织、个人实施或者指使、资助他人实施，或者境内机构、组织、个人与其相勾结实施的窃取、刺探、收买、非法提供国家秘密、情报以及其他关系国家安全和利益的文件、数据、资料、物品，或者策动、引诱、胁迫、收买国家工作人员叛变的活动。

（4）间谍组织及其代理人实施或者指使、资助他人实施，或者境内外机构、组织、个人与其相勾结实施针对国家机关、涉密单位或者关键信息基础设施等的网络攻击、侵入、干扰、控制、破坏等活动。

（5）为敌人指示攻击目标。

（6）进行其他间谍活动。

六、反间谍斗争的权利和义务

广大中职生在日常生活和学习中要积极学习国家安全知识，提高警惕。在反间谍斗争中，公民和组织的义务与权利如下。

（1）机关、团体和其他组织应当对本单位的人员进行维护国家安全的教育，动员、组织本单位的人员防范、制止间谍行为。

（2）公民和组织应当为反间谍工作提供便利或者其他协助。因协助反间谍工作，本人或者其近亲属的人身安全面临危险的，可以向国家安全机关请求予以保护。国家安全机关应当会同有关部门依法采取保护措施。

（3）公民和组织发现间谍行为，应当及时向国家安全机关报告；向公安机关等其他国家机关、组织报告的，相关国家机关、组织应当立即移送国家安全机关处理。

（4）在国家安全机关调查了解有关间谍行为的情况、收集有关证据时，有关组织和个人应当如实提供，不得拒绝。

（5）任何公民和组织都应当保守所知悉的有关反间谍工作的国家秘密。

（6）任何个人和组织都不得非法持有属于国家秘密的文件、资料和其他物品。

（7）任何个人和组织都不得非法持有、使用间谍活动特殊需要的专用间谍器材。专用间谍器材由国务院国家安全主管部门依照国家有关规定确认。

（8）任何个人和组织对国家安全机关及其工作人员超越职权、滥用职权和其他违法行为，都有权向上级国家安全机关或者有关部门检举、控告。受理检举、控告的国家安全机关或者有关部门应当及时查清事实，负责处理，并将处理结果及时告知检举人、控告人。

话题延伸

对协助国家安全机关工作或者依法检举、控告的个人和组织，任何个人和组织不得压制和打击报复。

第二节　遵守职业道德

《新时代公民道德建设实施纲要》中明确指出：“推动践行以爱岗敬业、诚实守信、办事公道、热情服务、奉献社会为主要内容的职业道德，鼓励人们在工作中做一个好建设者”。因此，我国现阶段各行各业普遍适用的职业道德的基本内容，即“爱岗敬业、诚实守信、办事公道、热情服务、奉献社会”。

一、爱岗敬业

（一）爱岗敬业的含义

爱岗就是热爱自己的工作岗位；敬业就是专心致志以事其业，即用一种恭敬、严肃的态度对待自己的工作，认真负责、任劳任怨、精益求精。一个对工作不负责任的人往往是一个缺乏自信的人，也是一个无法体会快乐真谛的人。爱岗和敬业总是联系在一起，爱岗是敬业的前提，敬业是爱岗感情的进一步升华。

话题延伸

《朱子语类》中说：“爱而不敬，非真爱也；敬而不爱，非真敬也。”爱岗是敬业的基础，敬业是爱岗的具体表现，两者互为前提，相辅相成。

爱岗敬业就是认真对待自己的岗位，认真履行岗位职责，无论在任何时候，都尊重自己的职业，勤奋努力工作。爱岗敬业作为基本的职业道德规范，是对人们工作态度的一种普遍要求。

儒学集大成者，宋代理学家、教育家朱熹说："敬业者，专心致志以事其业也。"对职业人来说，要做到敬业，首先要做到爱岗。

（二）爱岗敬业的意义

爱岗敬业是人类社会最普遍的奉献精神，它看似平凡，实则伟大。

1. 爱岗敬业是服务社会、奉献社会的重要途径

奉献精神是我国劳动人民的优良传统。作为一名从业人员，我们无论在什么工作岗位上都必须有敬业奉献精神。一个从业人员如果没有敬业奉献精神，就不可能被社会所容纳，更不可能有选择职业岗位的机会。因此，立足本职、爱岗敬业、挑战自我、奉献社会是对从业人员的基本要求。

2. 爱岗敬业是各行各业的从业人员生存的根本

工作本身无贵贱之分，但是对工作的态度有高低之别。看一个人能否做好本职工作，只要看他对待工作的态度即可。一个人的工作态度与他的性情、才能有密切的关系，是他人生态度的表现。一个人轻视自己的工作，把其当成低贱的事情，那么他绝不会尊重自己。一个人看不起自己的工作，就会倍感工作艰辛、烦恼，自然就不会把工作做好。

3. 爱岗敬业能促进良好社会风气的形成

爱岗敬业能帮助人们正确处理同事间的关系，化解各种矛盾。一个具有爱岗敬业精神的人会有一个博大的胸怀，不会"私"字当头、对个人的得失斤斤计较。同理，一个具有爱岗敬业精神的团队会将注意力集中到工作上，人际关系会非常和谐。同时，一个人的爱岗敬业精神可以感染同事，使他们与自己同心同德、齐心协力做好工作。每个人在工作中都应耐得住寂寞，坐得住冷板凳，从大处着眼、小处着手，让爱岗敬业成为自觉的职业道德行为。

话题延伸

一般来说，在条件好、工作轻松、收入高的行业从业的人员容易做到爱岗敬业。如果一个人的工作地点偏僻、生活条件艰苦，加上个人性格比较浮躁、缺乏对自我的正确认知，那么其在思想上难免会有波动。因此，明确爱岗敬业的现实意义、加强个人职业道德修养尤为重要。

（三）爱岗敬业的践行方式

爱岗敬业是公民道德和职业道德的基本规范，说起来容易，做起来难。要想做到爱岗敬业，就必须做到乐业、勤业与精业。

1. 乐业

乐业就是发自内心地热爱自己所从事职业和岗位，把干好工作当成最快乐的事。乐业体现在职业情感和职业行为两个方面。

（1）职业情感。职业情感是人们对所从事的职业的好恶、倾慕和鄙夷的情绪与态度。热爱一项工作就意味着有一种崇高的职业尊严感和荣誉感、明确的事业心和成就感、强烈的自信心和自尊心，始终深信自己的工作是有益于国家、有益于民族、有益于他人的。从事一项工作，应对它抱有浓厚的兴趣，倾注满腔的热情，把它看作生活中不可或缺的内容。

话题延伸

乐业能让人进入一种忘我的境界，与自己所从事的工作融为一体，使情感、智慧和才华喷涌而出。

（2）职业行为。职业行为是人们在职业活动中的所作所为。职业情感必然表现在具体的职业行为中，对所从事的职业与岗位的热爱必然会体现在日常的工作态度和工作作风中，通过职业行为把乐业的思想表现出来。

每个人对自己职业的心理体验不尽相同。有的人将自己的职业看作“干活挣钱”的工具，很害怕失去它，那么他对自己的工作虽然会尽职尽责，但心理上并不快乐，缺少激情和创造力；有的人自立自强，把职业感情升华到乐业并做到无怨无悔；还有的人将自己的工作视为事业，就不会把工作看成苦差事，甚至在条件艰苦时也能以苦为乐，在工作中保持良好的工作态度，不畏困难和复杂的工作，勇于进取，甘于奉献。

话题延伸

乐业、勤业与精业三者是相辅相成的。乐业是爱岗敬业的前提，是一种职业情感；勤业是爱岗敬业的保证，是一种优秀的工作态度；精业是爱岗敬业的条件，是一种执着的追求。

2. 勤业与精业

勤业就是忠于职守、认真负责、刻苦勤奋、不懈努力。古人云：“业精于勤荒于嬉，行成于思毁于随。”从业人员要始终保持一种张弛有序的工作状态，保持一种昂扬向上的精神，做到“三勤”（腿勤、手勤和脑勤）。

精业是指从业人员对本职工作要做到业务纯熟、精益求精，力求使自己的技能不断提高，并且要在工作中有所发明、有所创造。要想做到精业，就必须好学上进，不断追求高质量，不断开拓创新。

因为爱岗，所以坚守

1986年出生的邱中华性格有点犟。

2010年大学毕业，他应聘到四川省电力公司超（特）高压运行检修公司。在入职实操培训的第一天，他发现自己有点恐高。爬训练铁塔，到10多米高的地方时，他四肢发抖，感到天旋地转。他甚至不知道自己是怎么回到地面上的。老师让他暂停登高训练，他无比沮丧。他怀疑自己选错了专业入错了行。跟同学打电话聊起此事，同学劝他干脆换份工作，一个恐高的人怎么能去从事“高空作业”呢？家里人也支持他再择业。

这时，邱中华的犟劲却上来了。他觉得不能遇到困难就绕着走。他决心要战胜“恐高”这个困难。

训练铁塔旁有一个专门用来观摩的旋转楼梯。邱中华就在楼梯上做俯视地面的训练，从三层到四层，再一层层往上……每个高度，他都要训练到眼看地面心不慌、靠近栏杆脚不颤，以慢慢适应那种从高往低看的感觉。

邱中华这样练了近一个月，从旋转楼梯的顶层往下看，没有了不适感。邱中华有了信心，开始练习爬训练铁塔。他每天早上第一个来，晚上最后一个走，中午也不休息。到实训结束时，他克服了恐高症，爬塔水平也提高了。

公司精心挑选人员组成带电作业班。在进行体能测试的时候，跑完3 000米，邱中华吐了血丝。师傅饶建彬劝他退出。因为带电作业也是个体力活，要受得住屏蔽服里的高温高热，身体素质不好可不行。邱中华不服气，说等半年训练完了再看。长跑、仰卧起坐、俯卧撑、蛙跳、冲刺跑、快速登塔训练、50千克吊重拉绳训练……他每一样都比别人练得更多。半年后，他的身体强壮起来了，跑5 000米都没问题。

经过战胜恐高和体能训练，邱中华不仅提升了体质，而且实现了心理和意志力的跨越。他相信，只要努力，就没有克服不了的困难。邱中华犟赢了。

资料来源：陈必文：《因为爱岗，所以坚守》，《人民日报》，2022年8月3日第20版。（收入本书时略有改动）

二、诚实守信

（一）诚实守信的含义

诚实守信是人们在职业活动中处理人与人之间关系的道德准则。诚实就是表里如一、说老实话、办老实事、做老实人。守信就是信守诺言、讲信誉、重信用、忠实履行自己应尽的义务。诚实守信是各行各业的行为准则，也是做人做事的基本准则，是社会主义的基本道德规范。

（二）诚实守信的意义

“君子养心莫善于诚”，诚实守信是中华民族的传统美德之一，无论是过去还是现在，对于建设人类社会文明都是极为重要的。

（1）诚实守信是为人处世的基本准则，也是一个单位从事经营活动的基本准则，更是从业人员对社会、对人民所承担的义务和责任。

（2）诚实守信是各行各业的生存之道。各行各业之间的竞争归根结底是信誉和质量的竞争。企业有了诚信的经营理念才能赢得消费者的青睐。但遗憾的是，在如今的社会中，我们仍然可以看到一些为了追求眼前利益而置诚信于不顾的行为。这些行为会严重影响市场的良性运作，甚至让社会诚实守信的体系受到冲击。

诚实守信是维系良好的市场经济秩序必不可少的道德准则。诚信是社会经济发展的基石，没有诚信就不可能形成良好的社会经济秩序。

（三）诚实守信的基本要求

真善美是做人的至高境界，诚信是公民道德教育的基本内容。一切良好道德品质都必然建立在诚信的基础上。

诚实守信的基本要求有三点，如图4-2所示。

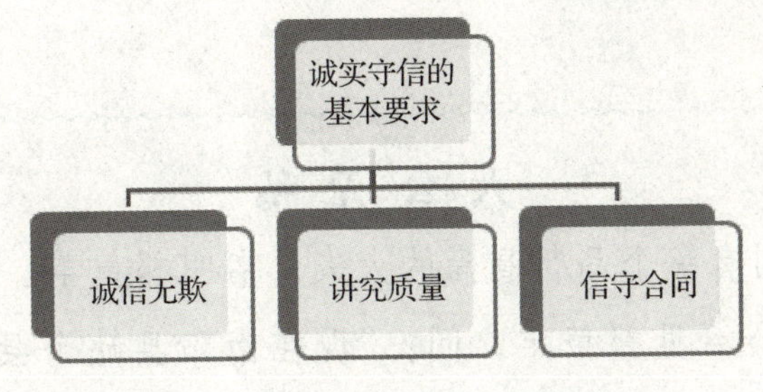

图 4-2　诚实守信的基本要求

1. 诚信无欺

在市场交易中，要货真价实、明码标价、合理定价、提供真实的商品信息，反对和杜绝欺骗服务对象的各种职业行为。

2. 讲究质量

要把产品质量放在第一位，以质量求生存，以质量求发展；不以次充好，不生产、销售假冒伪劣产品。

3. 信守合同

在签订合同时，要诚心诚意、认真负责；在履行合同时要一丝不苟、不折不扣。如果遇到困难或意想不到的情况，应想办法克服。在出现不能履行合同的情况时，应主动按约定承担责任。不以欺诈等不公平的方式签订合同，不违约、毁约。

三、办事公道

（一）办事公道的含义

公道的含义与公平、正义的含义大致相同，就是“给人以应得”，按照一定的社会标准实事求是地待人处事。公道是中华民族几千年来为人所称道的职业道德。人是有尊严的，都希望自己受到与他人同等的对待，企盼在规则面前人人平等。因此，人们一直歌颂那些秉公办事、不徇私情的人。办事公道是指在各种职业活动中待人处事要公正公平、公道正派、合情合理，这是职业交往中的一项重要原则。

话题延伸

办事公道是对每个从业人员的基本要求，是为人民服务必不可少的条件，是提高服务质量的基本保证。

榜样激励

大公无私

春秋时期，晋国有一个品行高尚的大夫，名叫祁黄羊。

有一天，晋平公召见祁黄羊，问："现在南阳县缺个县令，你看派谁去比较合适呢？"

祁黄羊说："让解狐去吧。"

晋平公道："解狐不是你的仇人吗？你们见了面彼此连招呼都不打，你怎么会推荐他到这样重要的地方当县令呢？"

祁黄羊笑了笑，说："您并没有问我的仇人是谁，而是问我什么人能胜任南阳县令，因此，我就把我认为最合适的解狐推荐给您。"

于是，晋平公就派解狐到南阳县。结果解狐充分发挥他的才干，受到了当地百姓的称赞和欢迎。

后来，晋平公又问祁黄羊："现在朝廷缺个法官，你觉得谁可以胜任呢？"祁黄羊很诚恳地说："祁午去做法官再合适不过了。"

晋平公十分惊讶地说："祁午是你的儿子啊，你推荐自己的儿子，难道不怕他人说闲话吗？"

祁黄羊说："您是问我谁可以当法官，并没有问我祁午是不是我的儿子啊。"

晋平公于是就派祁午当了法官。祁午办事十分公正，处理案件果断、公正，受到了百姓的爱戴。

祁黄羊的行为受到了许多人的赞扬，连孔子都称赞说："祁黄羊这样做很对。他推荐人，对外不排斥仇人，对内不回避儿子。像祁黄羊这样的人，可真是大公无私呀！"

后来，人们就用"大公无私"这个成语来形容某人办事公道、顾全大局、毫无私心。

资料来源：李俊杰：《就业与创业指导》，西南财经大学出版社 2021 年版，第 12 页。（收入本书时略有改动）

（二）办事公道的意义

1. 办事公道有助于提高社会文明程度

一般来说，社会文明主要指正常且有序的社会秩序、良好的社会风气，以及和谐的工作、学习、生活环境。而社会文明程度的高低与从业者是否具有办事公道的职业道德有密切的联系。

2. 办事公道是市场经济良性运作的有效保证

市场经济是一种竞争经济，它要求人们遵守共同的市场规则，展开公平的竞争，进行公平交易。市场经济作为一种契约经济，要求人们公正地处理各项事务，实事求是地进行评估和仲裁。

> **话题延伸**
>
> 遵守办事公道的职业道德规范要求，在各行业更好地为人民服务，是推动社会主义事业前行的关键。

（三）办事公道的基本要求

要办事公道就必然会有压力，会遇到各种干扰，特别是会遇到那些不讲原则、不奉公守法的有权势者的干扰。人们在遇到压力和干扰时可能有两种态度：一种是为了促使自己免受压力而向有权势者屈服；另一种是大公无私，不计个人得失，不怕权势，坚持公正办事。很显然，要办事公道就必须坚持后者。

办事公道的基本要求如下。

（1）客观公正。在办理事情、解决问题时，要客观判断事实，重视证据，公正对待当事人，不偏袒某一方，更不能作为某一方的代表介入。

（2）照章办事。照章办事是指严格按照规章、制度办事，不打折扣，不徇私情。它要求公平待人、以人为本，理解和尊重人，不以好恶待人，不以貌取人，不以年龄看人。

四、热情服务

（一）热情服务的含义

热情服务就是全心全意地为人民群众服务，一切以人民的利益为出发点和归宿。它是社会全体从业者通过互相服务促进社会发展、实现共同幸福的直接体现。

热情服务是一种现实的生活方式，也是职业道德要求的一个基本内容。

（二）热情服务的意义

（1）热情服务群众有利于实现个人的人生价值。对每个从业者来说，服务群众的本职工作岗位就是实现人生价值的舞台。

（2）热情服务精神有利于推动市场经济的发展。这种服务体现在企业与消费者之间，就是努力为消费者提供优质的产品与良好的售后服务。这种良好的售后服务是使消费者感到满意的重要因素，更是企业生存和发展的内在要求，是社会主义市场经济健康发展的体现。

（3）热情服务精神有利于构建文明和谐的社会。文明与服务精神是紧密相连的，现代社会提倡“人人是服务者，人人又是被服务者”，提倡人与人之间相互服务，这是社会需要服务精神的内涵所在。

（三）热情服务的基本要求

热情服务的基本要求是热情周到、满足需要。从业人员要以主动、热情、耐心的态度对待群众，把群众当作亲人，服务细致周到，勤勤恳恳；从业人员要努力为群众提供方便，想群众之所想，急群众之所急，关心他人疾苦，主动为他人排忧解难。

五、奉献社会

（一）奉献社会的含义

奉献社会即积极、自觉地为社会做贡献，这是社会主义职业道德的本质特征。

奉献是指不期望等价的回报和酬劳，而愿意为他人、为社会或为真理、为正义献出自己的力量，包括宝贵的生命。奉献社会不但有明确的信念，而且有崇高的行动。奉献社会的精神是一种忘我的全身心投入精神。当一个人专注于某项事业时，他关注的是这一事业对于人类、社会的意

话题延伸

奉献社会自始至终都体现在爱岗敬业、诚实守信、办事公道和热情服务的各种要求中。奉献社会并不意味着不要个人的正当利益、个人的幸福；恰恰相反，只有奉献社会的个人才会真正找到个人幸福的支撑点。奉献和个人利益是辩证统一的。

义，为此兢兢业业、任劳任怨，不计较个人得失，甚至不惜献出自己的生命。这就是伟大的奉献精神。

奉献行为的特征有三点：一是自觉自愿地为他人、社会贡献力量，完全为了增进公共福利而积极劳动；二是有热心为社会服务的责任感，充分发挥主动性、创造性，竭尽全力；三是不计报酬，完全出于自觉精神和奉献意识。一个人不论从事什么行业的工作，不论在什么岗位，都可以做到奉献社会。

（二）奉献社会的意义

奉献社会是一种高标准的职业道德规范要求，对于现代化转型过程中的职业及其从业人员的发展有以下重要意义。

话题延伸

发扬无私奉献精神可以抑制某些人私欲的膨胀，调节人与人之间的利益冲突，这将有利于社会主义市场经济长期、均衡发展。

（1）有助于克服极端个人利己主义的蔓延，确保职业发展的社会主义性质。市场经济的逐利原则能够调动人们的积极性和激发人们的创造性，促进经济发展和效率提高；但同时也会刺激个人欲望的不断膨胀。自私自利、唯利是图、不择手段地获取金钱的极端利己主义，或者只知索取、不讲奉献的享乐主义，是不利于社会主义市场经济健康发展的。

（2）有利于提升职业道德水平，形成良好的职业风尚，促进和谐社会的发展。奉献精神是职业道德建设的基石。只有在社会各个层面弘扬以奉献精神为核心的行为准则，才能形成有利于人民和有利于社会的真、善、美的风气。只有逐步树立高尚的道德情操，崇尚职业道德与敬业精神，将乐于奉献作为一种自觉追求，使人人都在为他人提供服务、人人又都在享受他人提供的服务、人人都在关爱他人、人人又都在受到他人的关爱，才可能真正从社会基础层面上创造一个温馨、和谐的良好社会环境和道德环境。

（3）有利于实现人生价值。职业劳动者的人生价值在于他对社会做出的贡献，这种贡献可以是对其他社会成员的贡献，也可以是对某个行业集体或整个国家的贡献，总之是对社会进步和广大劳动人民的幸福起积极作用。

（三）树立奉献社会的意识

奉献社会要求每个中职生在家里帮助父母做力所能及的事情；在学校里积极参与班级建设，乐于助人，爱惜集体荣誉；在社会生活中爱惜公共设施，积极参加公益活动。

随着我国改革开放的深入发展和市场经济体制的建立，每个从业者都要正确看待职业待遇和职业声望，正确处理自主择业与爱岗敬业的关系，做到只要在岗一日，就在岗位上兢兢业业地做好本职工作一日。

第三节　弘扬工匠精神

一、工匠精神的内涵

（一）传统工匠精神的内涵

工匠精神是指工匠在高超职业技能和良好人文修养相结合的情况下形成的一种精神理念。它既体现为工匠的气质，又体现为产品的品质。就其应具备的品质而言，工匠精神包括工匠对职业的热爱与专注、一丝不苟的态度与精益求精的精神、品牌意识与创新精神，以及对“道技合一”境界的追求。

从本质上讲，工匠精神是一种职业精神，是职业道德、职业能力和职业品质的体现，是从业者的一种职业价值取向和行为表现。工匠精神的基本内涵如图 4-3 所示。

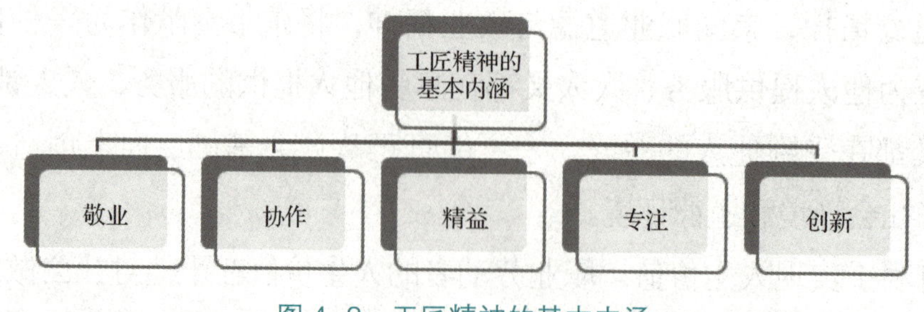

图 4-3　工匠精神的基本内涵

1. 敬业

敬业是从业者基于对职业的敬畏和热爱而产生的一种全身心投入的认认真真、

尽职尽责的职业精神状态。中华民族历来有“敬业乐群”“忠于职守”的传统，敬业是中国人的传统美德，也是当今社会主义核心价值观的基本要求之一。在春秋时期，孔子就主张人在一生中始终要“执事敬”“事思敬”“修己以敬”。其中，执事敬是指行事要严肃认真，不怠慢；事思敬是指临事要专心致志，不懈怠；修己以敬是指加强自身修养，保持恭敬谦逊的态度。宋代大思想家朱熹将敬业解释为“专心致志，以事其业”。

2. 协作

所谓协作，是指团队成员的分工合作。与传统工匠不同，新时代工匠尤其是产业工人的生产方式已不再是手工作坊，而是大机器生产，工匠们所承担的工作只是众多工序中的一小部分。例如，“复兴号”列车的一列车厢有 3 700 多道生产工序，一个人是不可能完成这么多道工序的，必须由车间或班组（团队）协作完成。团队需要的是协作共进，而不是各自为战。因此，协作是现代工匠精神的要义。

3. 精益

精益就是精益求精，是从业者对每件产品、每道工序都凝神聚力、追求极致的职业品质。所谓精益求精，是指已经做得很好了，还要求做得更好，“即使做一颗螺丝钉也要做到最好”。正如《道德经》所说：“天下大事，必作于细。”能基业常青的企业无不是精益求精才获得成功的。

4. 专注

专注就是内心笃定而着眼于细节的耐心、执着、坚持的精神，这是一切大国工匠必须具备的精神特质。从中外实践经验来看，工匠精神都意味着一种执着，即一种几十年如一日的坚持与韧性。例如，德国除了有人们耳熟能详的奔驰、宝马、奥迪、西门子等知名品牌外，还有数以千计的普通中小企业，它们大部分“术业有专攻”，一旦选定行业，就一门心思地扎根下去，心无旁骛，在一个细分产品上不断积累优势，在各自领域成为“领头羊”。在中国早就有“艺痴者技必良”的说法，古代的工匠大多数穷其一生只专注于做一件事或几件内容相近的事。例如，《庄子》中记载的游刃有余的“庖丁”，《核舟记》中记载的奇巧人王叔远等。

5. 创新

工匠精神强调执着、坚持、专注，甚至是陶醉、痴迷，但绝不等同于因循守旧、拘泥一格的“匠气”，其中包括追求突破、追求革新的创新内蕴。这意味着工匠必须把匠心融入生产的每个环节，既要对职业有敬畏、对质量够精准，又要富有追求突破、追求革新的创新活力。事实上，古往今来，热衷于创新和发明的工匠一直是世界科技进步的重要推动力量。中华人民共和国在成立初期就涌现出一大批优秀的工匠，如倪志福、郝建秀等，他们为社会主义建设事业做出了突出贡献。改革开放以来，“汉字激光照排系统之父”王选、新能源电池制造商王传福，以及从事高铁研制生产的铁路工人和从事特高压、智能电网研究运行的电力工人等都是工匠精神的优秀传承者，他们让“中国创新”影响着世界。

（二）新时代下工匠精神“新”的表现

“技进乎道”，中国自古以来并不缺乏工匠精神。中国历史上出现了很多具有工匠精神的典范。例如，春秋战国时期的鲁班凭借自己的智慧和精湛的技艺，不仅发明了木工工具、农业工具，还发明了仿生机械、攻城器械等，被视为工匠的典范；东汉时期，张衡发明了地动仪；三国时期，诸葛亮发明了木牛流马；北宋时期，沈括撰写了《梦溪笔谈》；明朝时期，宋应星编著了《天工开物》。真正的工匠精神是指在制作过程中不仅具有专业精神，还具备一种信仰。工匠们相信自己制作出来的产品是独一无二的，是他人做不到的，他们依靠自己的信念十年如一日地做同一件事，并享受每个制作过程。

新时代工匠精神的“新”主要表现在以下三个方面。

1. 思维

工匠精神既是对传统技术的坚守和传承，也是对工艺灵魂的挖掘和突破。中职生学习的目的是追求更好的思维模式，而不仅仅是获得知识。在科学与技术飞速发展的今天，人类社会面临着智能化浪潮的猛烈冲击，各领域将出现前所未有的开创性变革。万物互联必然是一种趋势，人工智能已在当下并创造未来。在新时代，新工匠精神不仅是对先辈工艺的传承，还包含对科技创新的敬畏之心。“需要”来自市场，“想要”来自工匠精神，它们是递进的关系，这也是工匠精神三个思想境界中的最高层。中职生不仅要传承精益求精、踏实专注的工匠精神，更要通过创意、创新创造出符合时代发展要求的价值。

2. 态度

创造出符合时代发展要求的价值，才能让传统的工匠精神焕发出新的时代光芒。新工匠精神新在对待生命的态度上，一生只做一件事，一生只做好一件事，便能令无数人为之动容。这是一种品质，更是一种精神。与其在面对很多事时三心二意，不如心无旁骛地做好一件事。如果用一生的时间精心去做一件事，那么在这件事上便会无人能及。不论掌握何种“独门绝技”，最终都是服务社会大众的，如果大众不需要你的技艺，你就必须不断地创新以给客户带来更好的体验。

3. 责任

新工匠精神新在责任上。再好的计划，不付出行动，等于零；行动了，没有坚持到底，还是等于零。社会在不断发展，这要求中职生保持终身学习的理念。努力学习，持之以恒，将学习日常化、生活化，是现代人应该具有的心态。当今时代不缺少人才，而一个德艺双修的员工在任何时候、任何企业都是极其受欢迎的。中职生应该把工匠精神融入自我，将其作为做人做事的一项守则。

榜样激励

刘恒明：肺科医院ICU的“牛”组长

在武汉市肺科医院的重症加强护理病房（ICU）内，“90后”护理组长刘恒明被称为“技术牛”。ICU主任胡明说：“这孩子技术最好。”护士长钟小锋说：“这孩子是最拼的。”

ICU如同战场，检测患者的生理数据，为患者注射药物，对血液净化装置、纤维支气管镜等精密仪器的预装、调试、清理、维护、紧急情况的处理等，刘恒明时常忙得汗流浃背，却一刻也停不下来。

肺科医院13楼ICU的值班室，一床被子，一张床，战斗六七个小时回来躺一躺，24小时随叫随到，这就是刘恒明抗击新型冠状病毒的日常。刘恒明说：“科室里其他人下班可以回宾馆休息，但我要随时解决病房里出现的技术故障，所以，我就跟护士长提出住在值班室。”吃住都在医院的刘恒明缺席女儿的周岁生日，更没有机会回家抱抱女儿。深夜闲下来了，亲人已入睡，他就去翻看手机里家人白天发来的视频，一个人傻笑。

平时，即使不是刘恒明的班，一些难度大的操作、一些重症救治仪器的报警及故障处理也都得依靠刘恒明。刘恒明随叫随到，一忙就是数小时。

在抗击新型冠状病毒疫情期间，许多国家级专家亲自到病房操作，刘恒明抓住机会向专家请教，他说："这种机会一生可能只有一次，我学到了难得的技术，更学到了专家们诲人不倦的奉献精神。"

资料来源：《绽放战疫青春　武汉青年有力量》，武汉文明网，2020 年 5 月 4 日。（收入本书时略有改动）

二、弘扬工匠精神的现实要求

"社会主义是干出来的，新时代也是干出来的。"在新的历史方位，中国经济高质量发展呼唤工匠精神，人民对美好生活的向往呼唤工匠精神。

工匠精神以匠心为本。工匠精神的根本在于职业的坚守，是爱岗敬业的表达，是追求极致的体现。每个从业者只有不忘初心，执着专注，严谨认真，摒弃浮躁，才能在本职岗位上坐得住、做得好。对工作最好的尊重就是有一颗心无旁骛、精益求精的匠心。

话题延伸

弘扬工匠精神，就是要擦亮爱岗敬业、劳动光荣的价值原色，树立品质取胜、创新引领的市场风尚，让尊重劳动、尊重知识、尊重人才、尊重创造成为社会共识，加快建设制造强国，推动经济高质量发展，不断满足人民群众日益增长的美好生活需要。

工匠精神以品质为重。具有工匠精神的劳动者对自己的产品精雕细琢、力求完美，从而不断超越自我。对他们来说，产品的品质只有更好，没有最好。弘扬工匠精神就是将产品当成艺术，把质量视为生命。只有打造更多的优质产品，中国制造才能不断做大做强，"中国品牌"才能真正享誉世界，中国经济增长的质量和效益才能持续提升。

工匠精神以创新为要。创新是战略之举和强国之路。只有不断增强创新驱动力，才能在高起点上实现更高质量、更可持续的发展。"苟日新，日日新，又日

新。”古代中国曾是世界上最大的匠品出口国及匠人之国，同时是最大的原创之国。应当说，创新基因本就深深植根于工匠精神的丰富内涵中。弘扬工匠精神就是要守正创新，既要继承优良传统，又要紧跟时代步伐，不断推陈出新。

三、践行工匠精神的方法

作为新时代的中职生，我们应该如何践行工匠精神呢？践行工匠精神的主要方法有以下几点，如图 4-4 所示。

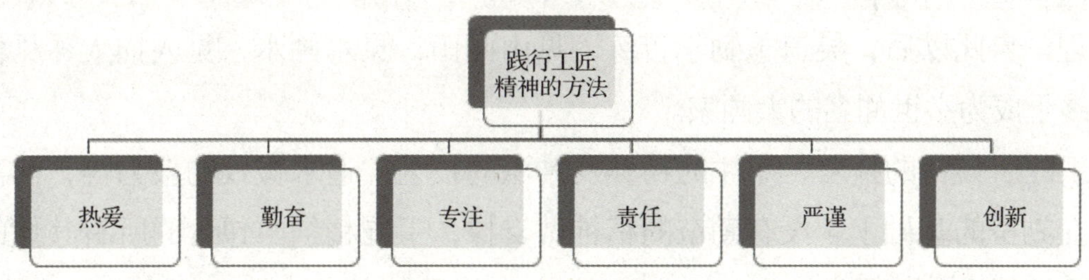

图 4-4 践行工匠精神的方法

（一）热爱

无论做何事，如果无法投入情怀和梦想、没有热爱之情，那么看起来即使再有意思的事情，做久了也会让人感到枯燥和乏味。分析优秀工匠及其工作可以发现，他们的工作过程中除了精湛的技艺和专注的神情外，还有发自内心的快乐和享受。优秀工匠之所以能够在工作中保持一种一以贯之的积极状态，是因为他们能够将自己的情怀和梦想注入工作中。

话题延伸

一个人在一件事情上注入情怀时，往往能够在做事情的过程中不知疲惫、不计得失；在实现自己的梦想时，能够克服任何挫折和困难。一个人能够将情怀注入自己的工作中，用梦想引领自己前进的方向，最终将会走出属于自己的工匠之路。

一个人只有将工匠精神所蕴含的情怀注入工作中，才能够享受工作过程中的快乐与愉悦；一个人只有用梦想指引自己的职业道路，才能够始终走在正途，向一名优秀工匠的目标坚定前行。

同时，我们还应尽可能地在工作中投入情感，这样才有可能让自己的工作感动他人、感动世界。有些人总是在工作中抱怨这、抱怨那，将工作看成一种养家糊口的手段，这些人往往一辈子与工匠无缘。

一个人只有将自己最真挚的情感投入工作中，才会像对待自己最好的朋友、最亲的亲人一样对待工作，在工作过程中用心与之沟通，这也是工匠情怀的一种体现。

（二）勤奋

“只要功夫深，铁杵磨成针”。“功到自然成”的关键在于“功”是否到了。画圣吴道子小时候很喜欢画画，但总画不好，渐渐地他对画画产生了厌烦情绪。直到有一天，他看到两位妇人在烙饼，她们能将饼从东边一丝不差地扔到西边的鏊子上。吴道子向两位妇人询问诀窍，从妇人那里明白了“熟能生巧，功到自然成”的道理。自此以后，吴道子勤学苦练，见山画山，见水画水，见人描人，见树绘树，终于成为举世闻名的大画家。

工匠所具备的执着、专注的精神及精湛的技艺、追求极致的毅力等，都需要建立在勤奋的基础上。没有勤奋的精神做支撑，工匠精神中包含的所有其他的品质和精神都将无所归依。

（三）专注

从古至今，但凡在科学成就上有突破的科学家都需要数十年废寝忘食地研究和终身追求。例如，瓦特改良蒸汽机、居里夫人发现放射性元素钋（Po）和镭（Ra）等，他们无不是经历了几十年的艰辛努力，才完成了划时代意义的技术革命。

话题延伸

专于心，一心一意，一次只做一件事，这意味着集中精力，注重目标唯一，不轻易因其他诱惑而动摇。若经常改变目标或四面出击，则往往不会有好的结果。

（四）责任

每个人在世界上都有自己的使命。在革命时代，老一辈无产阶级革命家的使命是带领当时处于水深火热的中国人民走出囚笼，推翻压在身上的三座大山（帝国主义、封建主义和官僚资本主义），真正翻身做主人。在当今的和平时代，我们需要为国家的繁荣富强而奋斗，为实现千年大计、中华民族伟大复兴的中国梦而拼搏。大到为国家，小到为工作，我们都应将一份责任扛在肩头，时时刻刻叮嘱自己：这是我应该做的，而且应做到最好，需要为之而奋斗，为之而担当。

大国工匠中的每位优秀工匠都秉承“责任重于泰山”的工匠精神，将自己几年、十几年、几十年，甚至毕生的心血都倾注于自己的事业，同时将传承自己掌握的手艺视为责任。他们不仅将工作做到了极致，更重要的是用自己的实际行动传承这份责任。

（五）严谨

对待工作要一丝不苟，这是一种优秀的工作态度，更是一种工作方法和工作哲学。一个人从平凡到优秀，再到成为众人口中的成功者、优秀工匠，其实只有一个秘诀，那就是做事严谨、一丝不苟。

要想实现“制造强国”的梦想，我们就必须摒弃和消除凑合的观念，将严谨纳入工作习惯，让自己从普通的手艺人向优秀的工匠行列迈进。我们要消除“凑合”的工作态度，首先必须让自己对工作保持敬畏之心。从现实来说，并非每个人都能成为大国工匠，但是即便做一名普通的劳动者，也应对自己的工作、自己的岗位责任保持敬畏之心，把工作当成自己一生最重要的事业，把坚守岗位责任当作自己必须肩负的使命。

（六）创新

在工作中，创造性是每个人都应具有的基本素质，而在寻常中创造出不寻常是优秀工匠应具有的品质。在追求成为优秀工匠的路上，我们要培养革新创造的精神，细心观察，努力创新。我们要懂得动脑筋，懂得在遇到问题的时候寻找解决问题的方法，尝试性地使用新方法去解决问题，而不是循规蹈矩、故步自封、止步不前。世间万物每时每刻都处在运动变化中，如果只按照原先的规律和方法处理问题，无论谁都难以逃脱失败的命运。

工匠最忌讳的八种不良风气

在工作过程中，工匠最忌讳的八种不良风气见表4-3。

表4-3 工匠最忌讳的不良风气

不良风气	内容说明
怠慢	敷衍了事，缺乏责任心
粗疏	做事马马虎虎，只要差不多就行
心散	精力过于分散，逐二兔者不得其一

表 4-3（续）

不良风气	内容说明
犹疑	不能坚定目标，经常半途而废
懒惰	所有工作的公敌，是让人一事无成的罪魁祸首
浮躁	不肯做见效慢的必要工作，总想一炮走红
厌学	不爱学习，不爱动脑
无信	不把信用当回事，不遵守约定

资料来源：陈浩：《工匠精神：学习型员工进阶手册》，中华工商联合出版社 2016 年版。（收入本书时略有改动）

模块训练

个人修养提升训练

训练目标：提升职业道德素养，助力终身发展。

训练内容：培养高尚的职业道德。

一、服务意识训练

（1）将所有学生分成若干组，每组 8 ～ 10 人。

（2）每组选派两人扮演服务员，其他人扮演在酒店里正准备点餐的客人。在整个训练过程中，大家轮流扮演服务员。

（3）在服务员请客人点餐时，客人可以从不同的方面对服务员进行咨询，甚至问一些刁钻的问题。

（4）教师提示训练结束，并让每个小组做总结。训练总结：请队员谈一下自己的感受。在面对客人的刁难时，自己应如何服务？在工作中，自己在接待一些客户或领导时又该如何更好地服务？

二、审视自己的价值观

请你将给出的 20 种个人价值观按照对你的重要程度进行排列。请在排序的过程中留意自己的语言和行为，在排序结束后解释自己这样排序的原因，并举一些具体的事例，从而审视自己的价值观。

（1）成就：成功，或通过决心、坚持和努力达到预定的目标。

（2）审美：为了美而欣赏、享受美。

（3）利他：关心他人，为他人的利益献身。

（4）自主：能够独立地做出决定的能力。

（5）创造性：产生新思想及革命性的设计。

（6）情绪健康：能够克制焦虑的情绪，有效阻止产生坏脾气；思绪平静，内心感觉安全。

（7）健康：生命存在的条件，没有疾病和痛苦，身体总体条件良好。

（8）诚实：公正或正直的行为，忠诚、高尚的品质或行为。

（9）正义：无偏见，公平、正直；遵从真理、事实和理性；公平地对待他人。

（10）知识：为了满足好奇心、运用知识或满足求知欲而寻求真理、信息。

（11）爱：建立在钦佩、仁慈基础上的感情，如依恋、热情、献身；无私奉献，真诚地接纳他人，为他人谋求利益。

（12）忠诚：效忠于个人、团体、组织或政党。

（13）道德：相信并遵守道德标准。

（14）身体外观：自己的容貌。

（15）愉悦：一种惬意的感觉，是伴随对美好事物的期待和对伟大愿望的实现而产生的。愉悦不在于物质上的高薪，而在于精神上的满足和喜悦。

（16）权力：拥有支配权、权威，或对他人产生影响。

（17）认可：因他人的反应而感到自己很重要、很有价值，得到特别的关注。

（18）技能：乐于有效运用知识、完成工作的能力，具有专门技术。

（19）财富：拥有大量的物质财富，富足。

（20）智慧：具有洞察内在品质和关系的能力，如洞察力、智慧和判断力。

三、寻找身边的敬业榜样

也许他是你尊敬的老师，也许他是你身边默默无闻的同学，也许他是晨曦中的环卫工人，也许他是执勤的交警，也许他只是你生命中擦肩而过的陌生人……生活中不是缺少敬业的榜样，而是缺少发现榜样的眼睛。请你进行一场敬业榜样大搜索活动，寻找身边的敬业榜样。

要求：每位同学提名一位敬业榜样并说明理由。最后，由全班同学投票选出公认的10位敬业榜样并总结他们的敬业品质。

自我评价

爱岗敬业作为基本的职业道德规范之一，是对工作态度的一种普遍要求。敬业就是要用一种恭敬、严肃的态度对待自己的工作，即对自己的工作要专心、认真、负责任。请在表4-4中对自身的敬业程度进行客观评价，在对应处标识"√"。

表4-4 敬业程度评价表

评价内容	评价结果	
	是	否
1. 工作非常主动，尽职尽责，任劳任怨，公而忘私，勇于担责		
2. 工作比较主动，责任感较强，能较好地完成分内的工作，能够担责		
3. 工作主动性一般，有一定的责任感，交付的工作需要督促方能完成		
4. 工作不够主动，有一些本位主义，偶尔推卸责任		
5. 工作很不主动，经常斤斤计较、推卸责任		
6. 缺乏责任感，敷衍了事，态度傲慢，做事粗心大意		
7. 严重违反规章制度或时间观念很差，时常迟到、早退，工作不努力		
8. 有积极、持久的工作热情，能够以主人翁的态度完成工作		
9. 有工作热情，能主动考虑问题，并主动提出解决问题的办法，对边缘职责范围内的事不扯皮		
10. 对工作有一定的主动性和热情，对于分内的事能较主动地完成		
11. 对工作有一定的主动性，但还需要督促		
12. 工作不主动，缺乏热情，需要不断督促		
13. 自觉遵守和维护各项规章制度		
14. 能遵守规章制度，但需要有人督导		

表 4–4（续）

评价内容	评价结果	
	是	否
15. 偶尔迟到，但工作兢兢业业		
16. 纪律观念不强，偶尔违反规章制度		
17. 经常违反规章制度，被指正时态度傲慢		
18. 爱岗敬业，工作能力强，有奉献精神		
19. 有良好的岗位操守，工作能力强		
20. 能遵守岗位操守，没有违反职业道德的行为		
21. 基本能遵守岗位操守		
22. 远远超过效率指标		
23. 经常提前完成工作，有效控制不利因素		
24. 在规定时限内按时完成工作，极少要催促，能够适当控制不利因素		
25. 偶有工作延期，工作时效性稍差		
26. 经常推迟工作进度，工作效率持续低于要求		
27. 工作业绩突出，工作有计划、有重点，能很好地履行岗位职责和完成工作		
28. 工作业绩较好，工作有计划，能较好地履行岗位职责和完成工作		
29. 工作业绩一般，工作有一定的计划，基本能履行岗位职责，基本能完成工作		
30. 工作业绩一般，工作有一定的计划，但对计划外的工作有时难以兼顾		
31. 履行岗位职责有困难，工作有时难以完成		
32. 工作质量优，成为技术、业务模范		
33. 工作无差错，没有返工现象		
34. 工作绝少有差错，能够达到工作要求		
35. 工作偶尔不到位，工作质量不太稳定，偶尔存在返工现象		
36. 工作未达到最低要求，常出现错误或返工现象		

模块五

营造和谐：善用说话技巧

模块目标

素质目标：做一个善于沟通交流的人。

知识目标：了解交谈的基本礼仪、倾听的价值和要领；掌握说服的注意事项、拒绝的基本方法和关键细节，以及处理人际冲突的原则。

能力目标：掌握沟通技巧、面试与远程交谈的技巧、倾听的要领、说服的方法和处理人际冲突的策略。

思政树人

"中国的《罗密欧与朱丽叶》"

周恩来思想深邃，视野开阔，知识渊博，又有极高的语言天赋，这使他在语言表达上得心应手、挥洒自如，出口成章、妙语连珠。一句原本很平淡的话经过周恩来睿智的再造，就如同画龙点睛一般，立时会产生与众不同的神奇效果。

1954 年 4 月，周恩来总理率领中国代表团出席日内瓦会议。这是中华人民共和国成立后首次在重大国际舞台上亮相，受到各国关注。

在会议期间，周恩来要工作人员举行电影招待会，放映国庆纪录片，让外国记者了解新中国的变化。纪录片放映后，周恩来听取汇报：外国记者普遍反应热烈，但是有一个美国记者说，中国阅兵在搞军国主义。周恩来对工作人员说，再给他们放映一部《梁祝哀史》。

《梁祝哀史》是根据越剧《梁山伯与祝英台》拍摄的彩色戏曲片。为了让外国记者看懂，工作人员准备将剧情介绍和主要唱段译成十五六页的外文说明书，剧名译成《梁与祝的悲剧》。

周恩来听取了工作人员放映新片的汇报后说，十几页的说明书是不会有人看的。他当即出了一个主意，只在请柬上写一句话："请你欣赏一部彩色歌剧电影——中国的《罗密欧与朱丽叶》。"他指出，放映前用英语作3分钟的说明，概括地介绍一下剧情，用词要有点诗意，带点悲剧气氛，把观众的思路引入电影，这样试试，保证不会失败。

影片放映那天，大厅内座无虚席。感人的故事、优美的唱腔令250多名外国记者看得如醉如痴。影片结束后，放映厅里爆发出热烈的掌声。外国记者纷纷赞叹，这部影片太美了，比莎士比亚的《罗密欧与朱丽叶》更感人。

语言表达是一门基本功。领导者若想讲话生动形象、引人入胜，就要不断提升理论水平和综合素质，勤学习，常读书，多补充和储备各种知识。同时，要把学习与实践结合起来，注重语言的创新，力求用简洁、鲜活、新颖的词语拨动人们的心弦。

资料来源：《向周恩来学语言表达》，中国共产党新闻网，2017年1月25日。（收入本书时略有改动）

自我诊断

请用"是"或"否"回答表5-1中的问题。在回答问题时只要考虑一下典型情境即可，不要考虑得太细，要迅速回答。

表5-1 交往能力自测

交往能力内容	自测结果	
	是	否
1. 你是否有许多经常交往的朋友？		
2. 你的同学中有人欺负了你，你是否会长时间感到不安？		
3. 你是否觉得要尽量多结识各种人？		
4. 你一个人读书或做事时，是否比与他人在一起时更感到愉快和轻松？		

表5-1（续）

交往能力内容	自测结果	
	是	否
5. 你是否容易与年龄比你大的人接触？		
6. 你是否感到难以加入陌生人群体？		
7. 你是否容易与素不相识的人接触？		
8. 你是否难以适应新的集体？		
9. 你是否一有机会就结识新朋友并善于与他们交谈？		
10. 周围的人是否易使你生气？		
11. 你是否喜欢经常与他人一起活动？		
12. 如果为结识陌生人而不得不表现出主动性，你是否感到难为情、不舒服或害羞？		
13. 你是否喜欢参加集体游戏或活动？		
14. 你与不太熟悉的人在一起时是否感到没有信心？		
15. 你在不太熟悉的人群中是否容易使气氛活跃起来？		
16. 你是否尽量把结识人的范围限制得很小？		
17. 你进入一个不熟悉的群体时是否感到毫无拘束？		
18. 你必须向许多人讲某件事时是否感到有足够的信心？		
19. 你是否有许多朋友？		
20. 你与不太熟悉的人交往时是否感到难为情？		

【评价标准】1，3，5，7，9，11，13，15，17，18，19题答案为“是”，其余题的答案为“否”，有多少个相吻合的就为多少分，再用得到的分数乘以0.05，求出评价系数。

评价系数为0.10～0.45表明交往能力弱，0.46～0.55表明交往能力中下，0.56～0.65表明交往能力中等，0.66～0.75表明交往能力较强，0.76～1表明交往能力很强。评价系数接近0，表明不愿交际，不愿出头露面，不喜欢与人接近；评价系数接近1，表明喜欢与人接近，善于交往。

直言直语有何杀伤力

喜欢直言直语的人在说话时常常只看到现象或问题，也常常只顾自己的“不吐不快”，而很少考虑旁人的立场、观念及心理感受。

汤先生是个心直口快的人。有一次，他和办公室的同事在羽毛球馆打球。对方是初学者，球技一般。出于好心，汤先生便充当起对方的教练。可汤先生不是一个有耐心的人，在打球的过程中说：“你这人看起来挺聪明的，怎么学打球这么笨。脑子是不是进水了？”同事生气地说：“你说话可不可以委婉点儿？”“怎么委婉，你笨就笨嘛，还不让人说了。”同事气得转身走了。汤先生出于好心教他人打球，结果却使两个人十分不愉快。

心直口快常会在无意中给他人带来伤害，这不能成为在给他人造成伤害后推卸责任的理由。

问题 汤先生的问题是什么？你觉得汤先生如果不改变自己的说话方式，能赢得他人的尊重吗？

拆锦囊 在与他人沟通时，我们一定要注意语言委婉，切忌直来直去，更不可恶语冒犯，致人不快和痛苦。在一定程度上，言语冒犯带来的恶劣后果要大于“盛气凌人”。言语冒犯有轻有重，轻者惹人不高兴，重者可能伤及他人的面子、自尊，甚至让其产生报复心理。有人说：“眼睛可以容纳一个美丽的世界，而嘴巴能描绘一个精彩的世界。”委婉的语言常常可以平息矛盾与纠纷，化干戈为玉帛。

第一节　交谈的方式及沟通技巧

在职场中，交谈是最基本的沟通方式，而交谈技巧是影响沟通效果的关键因素。交谈按位置关系不同，可分为面谈和远程交谈。

一、面谈

面谈是指人们面对面地运用口头表达方式进行信息传递和交流，即你一言我一语地面对面交谈。

（一）面谈的类型

（1）自发性交谈。自发性交谈是指无固定目的，朋友、同事、客户之间偶然相遇引发出话题，随意进行的交谈。

（2）约谈。约谈是指为达到某些特定目标，在一个组织中双方（或多方）有计划地面对面地进行沟通和交流信息的活动。

（二）面谈的优势

（1）直接、亲切。面谈不仅可以从语言中获取信息，还可以从对方的声音和肢体动作中获得信息。讲话者可利用语言、情绪的感染力增强沟通的效果。一个人可以通过自信的表达、耐心的倾听、恰当的提问充分施展沟通能力，使信息、思想和情感得到充分交流。

（2）迅速深入。和书面沟通相比，面谈可立即实现双方的交流，还可迅速得到对方的反馈信息，以便做进一步深层次的交流。

（3）解释澄清。面谈时，倾听者可即时提问，由讲话者澄清含混的信息，减少误解，实现有效沟通。

（三）面谈的程序

面谈的程序如图 5-1 所示。

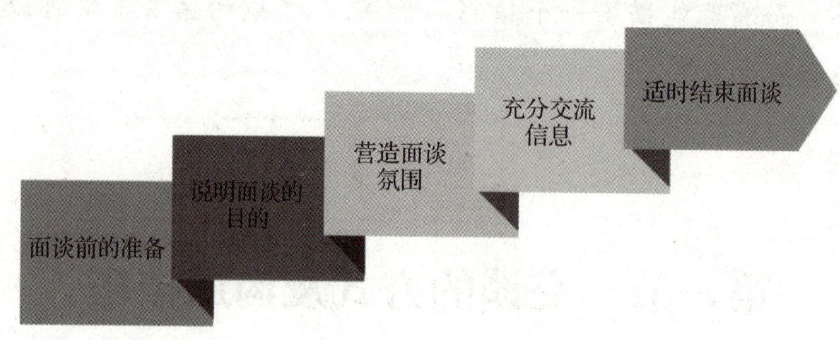

图 5-1　面谈的程序

1. 面谈前的准备

在面谈前应明确面谈的目的，了解面谈的对象，确定面谈的地点和时间，考

虑面谈的内容，把握面谈的方式。

2. 说明面谈的目的

除非出于某些特殊目的有意不向面谈对象透露相关信息，否则要在面谈开始时说明面谈的目的。

3. 营造面谈氛围

简要表述自身所面临的问题，就某个问题征求意见或寻求帮助，向面谈对象提出建议及解决问题的方法。

4. 充分交流信息

交流信息是面谈的关键阶段，约占面谈时间的90%，主要用于获取信息、传递信息和阐明信息。

5. 适时结束面谈

在结束面谈时应对面谈的内容做简要归纳，这有助于确认面谈双方对问题的理解和认识，提高所获信息的准确性，从而有效避免误解。

（四）面谈的原则

面谈的原则详见表5-2。

表5-2 面谈的原则

原则	解读
把握局面，营造氛围	通过面谈前充分的准备，树立十足的自信，做到表达自然、态度平和。注意穿着搭配，衣着要得体，交谈环境与主题相适宜，适时寒暄赞美，轻松入题
目的明确，表达清晰	交谈逻辑清楚，始终有一条主线贯穿其中，表达简洁且富有活力。用语准确，减少语病
认真倾听，真诚友好	在沟通的过程中，要保持礼貌和友好，注意表达感受的方式，不能伤害和触怒对方，应先肯定成绩，然后指出缺点。学会换位思考，控制自己的情绪
实事求是，客观评价	尊重事实，运用理性的判断及谈话的经验对面谈客观、全面地做出评价

（五）面谈的注意事项

面谈是人际交往中最主要的沟通方式。同样的一句话在不同的场合以不同的方式表达出来，效果往往大不一样，所谓“良言一句三冬暖，恶语伤人六月寒”

说的就是这个道理。面谈的注意事项见表 5-3。

表 5-3　面谈的注意事项

注意事项	解读
说话得体，恰如其分	面谈时语言要注意分寸，合乎尺度。话说到什么地步、要求提到什么程度，应视交谈对象和交往的目标而定，不要超过双方的心理承受能力，不引起对方的反感。任何夸大其词、言过其实，或者用语不当、词不达意，都会影响交往的顺利进行。谈话时要做到有礼有节，让对方先讲；最好不要谈论对方的隐私或忌讳的话题；在适当的时机可以用幽默的方式活跃气氛；在人多时不要把注意力集中在一个人身上，要注意平衡
态度真诚	推心置腹是真诚、信任的表现，如果在与他人交往的过程中能够直言不讳，同时能动之以情，那么交谈的氛围就是愉快而和谐的。真诚是友好交往的基础，也是人际交往得以延续和深化的保证
避免不恰当的交谈方式	不恰当的面谈方式有：经常打断对方的谈话或抢接对方的话；滔滔不绝，目中无人，忽视对方的反应；词不达意，让人不得要领；注意力不集中，目光不专注，或对他人的谈话表现出不耐烦的样子；眼睛长时间盯着对方或审视对方，让对方不自在、感觉不舒服；不考虑交谈的对象，用词不当，使人听不明白或感到不高兴；不考虑交谈的时间、主题、氛围和效果，短话长说或长话短说；在交谈中单方面突然结束谈话，或者强行把话题转移到自己感兴趣的方面

知识之窗

如何与不同类型的人交谈

（1）与爱说话的人交谈。对这种人，你要有足够的耐性，不管他说什么，都要耐心倾听。即使你一言不发，他也会非常高兴地以你为知音。

（2）与爱听不爱说的人交谈。对这种人，你可以从头到尾都自己说话，但必须顾及对方的兴趣，因为你是要说给他听。而且每个话题都要适可而止，不可拖沓，说完一个话题再找新话题。此外，必须找机会诱导对方说话，如征求其见解或请其发表意见等。

（3）与不爱说也不爱听的人交谈。这种人可能是年龄较大或较小的人，或是兴趣爱好与他人不合的人。你可先探明其兴趣，然后与之谈论，若你的谈吐不俗，他便会以你为知己。

二、远程交谈

远程交谈是指通过固定电话、手机、实时语音通信工具，以及 QQ、微信等交流平台进行的交谈，归纳起来即为电话交谈和文字交谈。下面重点介绍电话交谈的技巧。

（一）打电话的注意事项

1. 安排好时间

打长途电话或打国外电话要选择双方都方便的时间，以免打扰对方休息。

2. 写好交谈提纲

如果需要交谈的内容较多，应写好交谈内容的提纲，在打电话结束前确认主要观点。

3. 表现真诚和友善

微笑着说话，对方就能够感受到你的微笑。

4. 以职业化的问候开始

在问候之后确认接电话的是不是你要找的人，然后主动说明自己的身份。

5. 简要说明打电话的目的

说明打电话的目的时要简洁、清晰、准确。

6. 拨错电话

如果拨错了电话，要说声“对不起”，以表示歉意。

7. 要找的人不在

如果你要找的人不在，可以请接电话的人转告，可以留言或询问何时再打过来能找到本人，最后要道谢。

（二）接电话的注意事项

1. 及时接听

不要让铃声响太久，要迅速接听，最好在响铃三声时就能接听。

2. 礼貌回应

拿起电话先问好，再介绍自己，然后确认对方的单位、姓名及来电的意图。

3. 控制音量

打电话的声音过高和过低都不好，声音太高有大喊大叫之嫌，声音太低则使对方听不清。

4. 适当回答

如果对方讲话时间比较长，你不要默不作声，要有回应，否则对方不知你是否在听。

5. 做好记录

在接电话前准备好纸和笔，认真做好记录，包括何时、何人、何地、何事、为什么、如何进行等。

6. 替人传达

如果对方要找的人不在，需询问对方可否转达、可否请他人代接。

7. 中断处理

有时在接打电话时需中断一下去处理别的事情，此时要向对方解释清楚，处理后尽快回拨并说："很抱歉，让您久等了。"

8. 接到误拨电话要礼貌

如果接到打错的电话，要礼貌地告诉对方："您打错了。"

（三）挂电话的一般规则

尊者先挂断；客户先挂断；双方平级，打电话者先挂断。

三、交谈的基本礼仪

在人际交往中，哪些话该说，哪些话不该说，怎样正确地使用语言表达个体的情感，这是交谈礼仪必须关注的问题。恰如其分的交谈应遵循图 5-2 所示的几个原则。

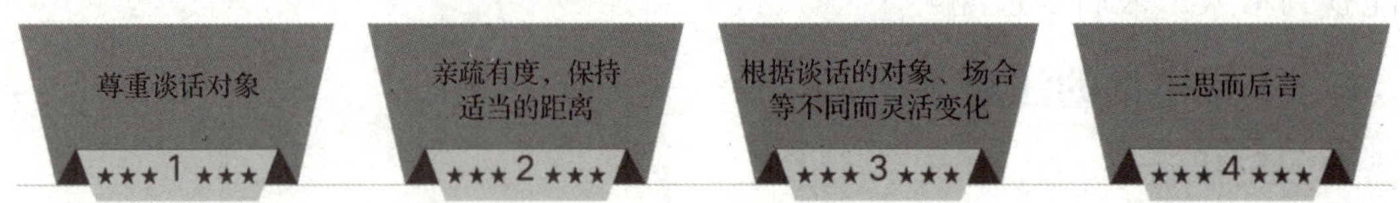

图 5-2　交谈的基本礼仪

（一）尊重谈话对象

言谈礼仪中最基本的要求是尊重谈话对象。在人际交往中，交谈双方无论身份、地位、财富、文化修养等个体因素方面差别多大，都应该做到尊重对方。尊

重谈话对象表现为：在言谈过程中多用赞美的语言，不要恶意伤人；要顾及他人的感受，不宜只选择自己感兴趣的话题作为谈话内容而使对方觉得了无生趣，也不应对失意的人谈论自己得意的事情而增加对方的伤感。

话题延伸

对于一些敏感性问题，如女性的年龄、薪金水平、宗教信仰等，最好不要谈及。

（二）亲疏有度，保持适当的距离

每个人都有自己的个人空间。研究表明，如果陌生人侵入个体的个人空间，会引起个体的防备心理。美国学者爱德华·霍尔经研究得出一组与空间距离相关的数据，见表 5-4。

表 5-4 交往对象间的距离

类型	保持的距离	代表的含义
亲密距离	0.45 米以内	热烈、亲密
个人距离	0.45 ~ 1.20 米	亲切、友好
社交距离	1.20 ~ 3.60 米	严肃、庄重
公众距离	3.60 米以外	演说者与听众、演员与观众、讲课者与听课者等

在人际交往中，个体必须注意与对话者保持适当的距离，做到亲疏有度。从交谈礼仪来说，如果距离谈话对象过远，一方面会让对方不容易听清讲话的内容，另一方面会使对方误认为不喜欢他而故意疏远；如果距离谈话对象太近，则会引起对方的防卫心理，给人一种轻佻、随意的感觉，使对方产生反感。

（三）根据谈话的对象、场合等不同而灵活变化

交谈是一个受多因素影响的过程，个体应根据谈话的对象、场合等不同而灵活变化。不同年龄、性别、职业的人，其兴趣、爱好、称呼会有所不同，因此交谈要看对象的不同而有所变化。譬如，对于有头衔的人称呼其头衔，表示对其尊重；对于恋人之间，直呼其名或使用昵称则更加温馨。交谈也应根据场合灵活变化，在正式场合交谈，应该严肃认真，事先要有所准备，不能毫无头绪；在非正式场合交谈则可以随便一些，这有利于交流感情。

（四）三思而后言

在日常生活中，有些人心直口快，想什么就说什么，往往一句话就引起对方的不快，即所谓的“祸从口出”。所以，言谈礼仪要求个体三思而后言。

在话说出口之前，要站在对方的立场上想一下。一旦察觉到自己有言语失误，就应立即设法改正，并留意他人的言语和其他方面的反应，以此判断是否需要道歉。必要时，应立刻道歉，以免误会越来越深。

话题延伸

一般来说，说话应该与场合中的气氛相协调，在他人办喜事的时候，千万不能说一些不吉利的话；在他人悲痛的时候，你逗小孩玩，甚至哼哼小曲，这也是非常失礼的。

榜样激励

徐庶力荐诸葛

三国时期，刘备的主要谋士徐庶因为老母亲被曹操扣留而不得不向刘备提交辞呈。刘备百般挽留徐庶，无果，只得进行最后的离职面谈。面谈气氛恳切感人，刘备不仅放声大哭，还亲自为徐庶牵马，送了一程又一程，依依不舍。这让徐庶感动得热泪盈眶。徐庶挥手道别走了几里路后又急忙打马回转，特意向刘备推荐接替自己的最佳人选，也就是比自己更胜一筹的诸葛亮。

第二节　倾听的沟通技巧

一、倾听的价值

法国哲学家伏尔泰说：“通往心灵的大路是人的耳朵。”善于倾听的人，其人际关系一定是融洽的，因为倾听等于告诉对方“你是一个值得我倾听的人”。这样会提高对方的自尊心，加深彼此的感情。在交往中，如果自己一味地说个不停，让对方没有表达的机会，是对对方的不尊重。人们之所以需要与他人交谈，在很

大程度上不是为了听他人讲什么，而是满足自己的表达欲望，希望与他人分享。

> **话题延伸**
>
> 一个善于倾听的交谈者是最受他人欢迎和信赖的；相反，一个不会听只会说，尤其是所说的内容总离不开自己的人，会被他人认为是以自我为中心、不尊重他人、缺乏交际的人，与这种人交谈既不愉快也缺乏收获。

在职场中，积极倾听具有以下几个重要作用。

（1）积极倾听可以弥补自己的信息不足或经验缺陷，可以通过倾听来改进自己的工作，有利于做出正确的决策。

（2）积极倾听可有意识地去理解他人的观点，可以防止出现破坏性的对话，有助于避免做出急于去影响或控制他人的举动。

（3）积极倾听可以让沟通的气氛和节奏舒缓下来，有效缓解沟通过程中的不良情绪，降低谈话中的竞争意味，让沟通更容易开展与掌控。

（4）积极倾听有利于知己知彼。了解他人内心世界的第一步就是认真倾听，在陈述自己的观点之前让对方畅所欲言，给自己留下思考的空间，这样可以有的放矢，找到说服对方的关键点。

（5）积极倾听能获得信任。与他人交谈时，认真聆听，对话题表示出浓厚的兴趣，实际上是对对方最大的尊重，有助于双方建立融洽的对话关系，增进彼此的信任和接纳程度。

> **话题延伸**
>
> 一个人要提升理解力首先要学会倾听。倾听不仅能显示出一个人的修养，而且能显示出这个人被他人的接纳、承认和喜欢的程度，促使他人也产生积极的态度，从而有利于良好人际关系的形成。倾听并非只用耳朵，更需要用心。任何一个表情、动作都会传达出一个人的内心想法，倾听者只有善于用心观察对方，才能更好地理解对方的情感。

二、倾听的要领

（1）注意力集中，表情专注，经常与对方有目光交流。

（2）用微笑、点头、感叹等表示自己的情感体验，或不时地用“嗯”“对”“是这样”，以及重复一些对方认为重要的话来表示自己在倾听，鼓励对方讲下去；如果在交谈中有疑问，可提出一些富有启发性或针对性的问题，这样对方会感到你对他的话很重视；用自然、真诚的表情来呼应对方的谈话；等等。

（3）听比说更重要。多听能够帮助自己理解他人，也有利于让他人更快地接纳自己，忌交谈时以自我为中心。

（4）尊重对方，平等交流，注重情感沟通。设身处地、感同身受地体会对方情感的最简单做法就是反问自己："如果我是他，处在当时的情形下，我会怎么想、怎么做？有什么样的感受？"把自己想象成对方，换位思考，了解自己处在对方情境中的心理状态和行为方式，就会理解对方的情感和行为。

话题延伸

认真倾听、善于倾听是对他人的一种尊重，是一种自我素质的体现，也是一种礼仪、一门学问。做一个具有耐受性的倾听者是谈话艺术中的一项重要条件。因为能静坐倾听他人意见的人通常是一个富有思想，兼具谦虚、柔和性格的人。

第三节　拒绝的沟通技巧

拒绝是一门学问。在一个人的职业生涯中，在很多场合都需要学会拒绝他人。拒绝他人不合理的请求可使我们拥有更多的时间，这对工作繁忙的人来说特别重要。

一、拒绝的基本方法

拒绝的基本方法如图 5–3 所示。

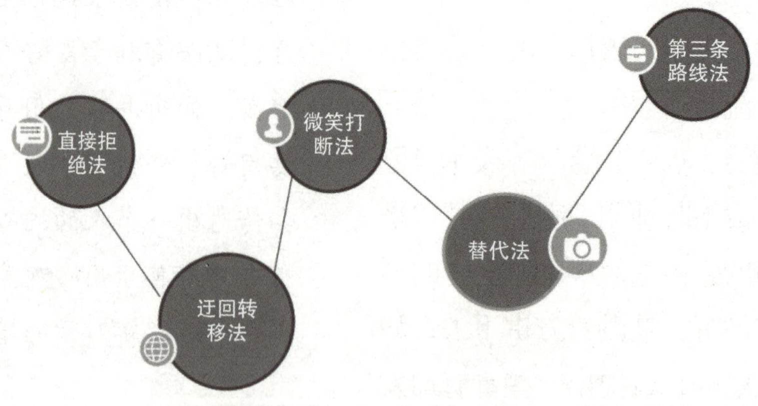

图 5–3　拒绝的基本方法

（一）直接拒绝法

对于他人提出的很明显的无理或过分要求，你可以直接拒绝。你要把拒绝的理由阐述清楚并让对方体会到自己的难处，让其也产生同感，这样，对方就会在一定程度上接受你的拒绝。拒绝时，表达要清楚、直截了当，语气要肯定，不要吞吞吐吐。

话题延伸

迂回转移法需要考虑、照顾对方的自尊心，不是立即说“不”，而是先肯定对方的要求，表示理解，然后一步步地使对方自动放弃请求。这种方式为先扬后抑，给对方面子，认可对方的要求，使对方得到抚慰，不容易产生委屈和抱怨，然后用缓和的方式拒绝其要求，给对方留有余地。

（二）迂回转移法

当遇到的是难以直接拒绝的要求，并且对方说明了理由，自己感觉比较难处理且又不想接受时，可以采用迂回转移法。

先对对方的要求表示理解，并在交谈中慢慢地与你的困难“靠近”，让对方在慢慢放松的同时与你产生共鸣，对你的困难表示出同情和支持，然后提出你的看法，留待以后条件成熟时给对方解决。

（三）微笑打断法

人们在说话时总喜欢他人在用心倾听，而不喜欢被他人打断。

在对方谈到令你有难处的问题或在做铺垫时，你可以微笑着用语言打断谈话，把问题引导到其他方面，不给对方跟你再谈那个话题的机会。甚至事后你还可以有意无意地、有针对性地向对方传递自己的某些困难信息，以此不让对方再找机会跟你谈上次的话题。

（四）替代法

当对方提出一个很棘手的或你目前无法解决的问题时，你可退而求其次，找到一个你们都能接受的替代办法。暂时性的解决办法也是处理矛盾和预防危机的手段。你可以向对方介绍几种解决问题的途径，使对方的需求得到满足，这样对方不仅不会因为你的拒绝而生气，还会因为你的关心和帮助而心存感激。

（五）第三条路线法

当遇到对方请求协助，完全拒绝确实不近人情，甚至可能伤害感情的情形时，你可以在“是”和“否”之间选择第三条路线。假设完全接受对方的请求是100%，彻底拒绝是0，那么不妨试着向对方提出你能接受90%、70%或50%的方案。你可从请托的内容、期限和数量方面做评估，如90%接受是“期限延长3天就办得到”、70%接受是“无法担任项目经理，但可参与项目”等。

知识之窗

拒绝的要领

拒绝的能力往往与自信紧密联系，缺乏自信和自尊的人常常为拒绝他人而感到不安，而且有认为他人的需求比自己的需求更重要的倾向。拒绝的要领见表5-5。

表5-5 拒绝的要领

要领	解读
简单回应	如果要拒绝，就应坚决而直接，可以尝试用身体语言强调“不”，不需要过分道歉
给自己时间	给自己一些时间，你会更有信心地去拒绝他人
区分拒绝与排斥	拒绝的是请求，而不是对对方的排斥
不要感到愧疚	你有拒绝的权利，就像他人有权利要求帮助一样。有时拒绝他人是让对方学会为自己负责
做自己	要明确什么是自己真正想要的。更好地认识自己，确定什么是自己在生活中必需的

二、拒绝的关键细节

拒绝的关键细节如图5-4所示。

（1）放下手中的事情，认真倾听。无论有多忙，请用心倾听对方的诉求，不要表现得心不在焉。不仅要听出对方说的是什么事情，而且要听出对方的感受。

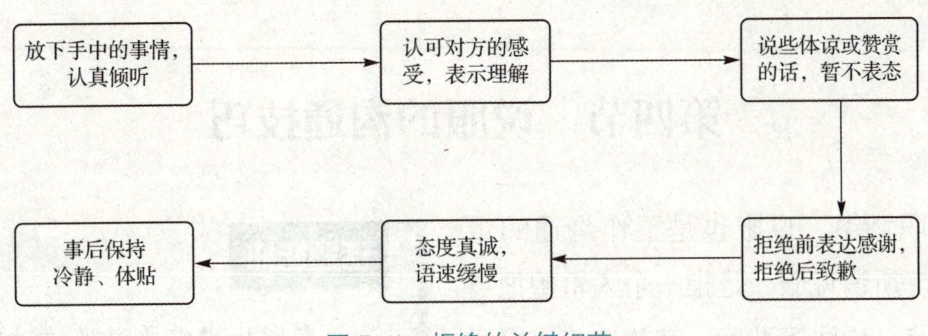

图 5-4 拒绝的关键细节

（2）认可对方的感受，表示理解。共鸣总是能快速拉近人与人之间的距离，并平复对方的负面情绪。在表达推脱之前，一定要顾及当时的情境，如是否有重要的人在场，以及对方此时此刻最强烈的情绪。无论当时对方是悲伤还是愤怒，都应首先对其表示理解，以体谅难处的态度给对方以抚慰。

（3）说些体谅或赞赏的话，暂不表态。拒绝前可说些体谅或赞赏的话，如“别着急，先喝杯水”“看你累的，脸色这么差”“你能做到这样的程度，真是不容易”“我很同情你的处境，你真的太厉害了，要是我早就趴下了”等。此时对“该不该接手”已心中有数，但不必急于表态。一方面，态度不要强硬，以免伤害对方的自尊心；另一方面，着重抚慰对方的情绪，让对方有冷静的时间，以便恢复理智，避免与其发生直接冲突或使其情绪大爆发、忙没帮成反倒结了怨。

（4）拒绝前表达感谢，拒绝后致歉。拒绝时可以先以感谢的口吻谢谢对方提出请求，然后以缓冲句“不好意思”“很遗憾”接续，让对方有被拒绝的心理准备，接下来说出理由，并加上明确的拒绝态度。

（5）态度真诚，语速缓慢。当不能不说“抱歉”时，你一定要看着对方的眼睛，真诚地表达自己的想法，并用三两句话简洁、明晰地说清推脱的原因。在表达时，你一定要使用委婉、温和的语句表达抱歉和遗憾，让他人觉得你不是在找借口。同时，你应适时、真诚地感谢对方对自己的信任。

（6）事后保持冷静、体贴。有些忙不帮，其原因比较复杂，但无论如何，你肯定不想因此和求助者结怨。所以，你一定要在推脱后跟对方主动示好。这样，对方会确信你不是讨厌他，而是有自己的原则。

第四节　说服的沟通技巧

在职场中，说服也是工作沟通的重要方式。所谓说服，是指一个人希望把自己的观点、想法等准确、有效地传达给对方，希望对方能接受自己的意见或建议，并付诸实施的过程。只有善于说服的人才能够获得他人的理解、尊重和信赖。

话题延伸

在职场中需要说服的对象很多，可能是你的上司、同事、下属、合作伙伴、顾客、朋友、招聘的主考官……倘若不掌握说服技巧，说服就难以达到预期的效果。

一、说服的方法

（一）提问法

说服的最高境界是通过提问让被说服者自己说服自己。

每个人都需要被了解、被认同，而被认同的最好方式是有人很认真地听其讲话。如果你一开始就能通过很好的提问方式把听的工作做好，对方对你的信赖感就建立起来了。提问需要技巧，如先从简单的问题开始，问让对方能回答“是”的问题及可以二选一的问题。

简单的提问不会给被说服者带来压力，从而减少说服的阻力。让对方不断地回答“是”，能使对方的整个身心趋向肯定方面，思维呈开放状态，从而易于接纳你的观点。二选一的封闭式提问会限定对方的回答范围，也很容易让自己得到想要的结果，还会让被说服者觉得这是他自己的选择。

（二）设身处地法

要说服对方，必须换位思考，先承认对方的认识、态度的合理性。特别是要避开矛盾与分歧，从对方的认识基点出发，先赞同或部分赞同，寻找共同点，让对方消除抵触情绪，逐步瓦解对方的心理防线，扩大说服范围，从而接近要害和问题关键。

（三）引用名言法

人们相信名人和权威，名人的话往往有一定的号召力，借助名人的话可以达

到事半功倍的效果。所以，在说服过程中，要尽可能引用名人的语录或权威的理论来支持自己的观点，以增强说服力。

（四）五步定式法

美国心理学家杜威提出了说服他人的“使人信”五步定式：第一步，直截了当地告诉对方某处存在某种极其严重的问题；第二步，帮助对方分析、研究该严重问题的原因；第三步，帮助对方收集各种可能解决问题的方法，尽可能穷尽一切办法，并把自己准备提出的观点放在最后介绍；第四步，帮助对方依次分析和斟酌这些可能的解决方法；第五步，使对方认可并接受其中最理想的解决方法，即提出你认为最正确的方法。

（五）暗示说服法

接受暗示是人的心理特性，是人的一种无意识的自我保护本能。暗示说服法就是通过委婉的语言形式把自己的思想、观点巧妙地传递给对方。

人们为了追求成功和逃避痛苦，会不自觉地进行各种暗示，如面对困难会安慰自己或他人“快过去了，快过去了”，从而减少忍耐的痛苦。人们在追求成功时，常常会鼓励自己“坚持一下，我一定可以的”。这些简单的语言都给了人们强烈的暗示，让人们在无形中有了强大的抵抗困难和勇于进取的动力。

话题延伸

在说服过程中发表自己的主张和意见时，要着重讲对对方有哪些好处，才能有效地说服对方。只从自己的利益出发，不顾对方的需求和感受，则很难达到说服的目的。

（六）对比说服法

如果有人提议在房子的墙壁上开扇窗口，势必会遭到许多人的反对，窗口肯定开不成。而当提议把房顶扒掉时，反对方心中的“痛苦”就会加重，而对于“墙壁上开扇窗口”的提议就会顺利地答应了。对比效应可以用来劝服他人，如果你想让对方接受“快乐”，为了不使他拒绝，不妨先让他试试“痛苦”的滋味，再将“快乐”奉上，如此他就会欣然接受了。

二、说服的注意事项

说服他人不是强硬地把自己的观点塞进他人的脑袋里，也不是仅仅靠“口吐莲花”就能达到，而是要动用智慧、采用各种合理的方法和语言表达，为自己树立良好的声誉与信服力。在说服的过程中应注意以下事项。

（一）从细节了解他人的意见和看法

要想说服他人，首先要清楚他人的意见，知道他人的想法，这样才能采取有效的语言进行说服。了解得越多，言语的说服力就越大。

话题延伸

想提高自己说服的效果，就要想办法接近对方、关心对方，注意他们的日常表现，研究、分析对方的行为动机和心理活动。

（二）用内涵提升说服力

在与他人争辩、强调自己的观点时，要表现出风度，注意适可而止。即使你的观点很正确，也不要把对方“赶尽杀绝”，不要让对方感觉自己在众人面前颜面扫地。你给他人留足面子，不仅可以赢得对方的尊重，还会让对方很感激你。

（三）创造友好的谈话气氛，与对方推心置腹

努力创造一种热情友好、轻松愉快的谈话气氛，从而消除对方的猜疑、警惕、排斥心理，这对后面说服工作的达成会有很大作用。在说服对方的过程中，能否让对方感受到被尊重，不但会影响对方的心态、情绪，而且会影响说服的效果。对方如果觉得自己在谈话中受到尊重，往往会变得更友好和热情。

话题延伸

如果对方的自尊心受到伤害，他通常会变得冷淡、消极、不服气或恼怒，甚至会反唇相讥以示愤怒，个别气量狭小者还有可能不顾一切后果图谋报复。

交谈中使用层层递进方法的技巧

（1）准确掌握对方心理，主动出击。首先清晰地看清、洞察对方的内心，然后根据对方的心理层层深入地进行论述。

（2）层次分明，不偏离主题。在与对方沟通的过程中，要由浅入深、由表及里，围绕主题层层递进、步步深入。

（3）切忌把大道理满堂灌，这样既无人愿意听，也让人无法消化。要把理说透，保证说服过程中的连贯性、系统性，确保把整个道理衔接贯穿起来。

第五节 处理冲突的技巧

一、处理人际冲突的原则

人际冲突是人际交往中的一种对立状态，表现为两个或两个以上相互关联的主体之间的紧张、不和谐、敌视甚至争斗的状态。冲突的原因多种多样，可能是各方的需要、利益不同，可能是对问题的看法、认识不同，也可能是价值观、行为方式不同，等等。

人际冲突既有正面作用，又有负面影响。人们如果能够妥善处理或避免冲突，就能够促进彼此间的沟通和了解，宣泄愤怒和化解敌意；如果没有处理好人际关系，就会影响自己的心理健康，造成人际关系紧张，产生失望、抑郁、愤怒等不良情绪。

话题延伸

中职生处于身心发展不平衡的成长阶段，自我意识较强，情绪不稳定，自控能力较差，学会巧妙地避免或化解人际冲突，能有效地提高人际交往能力，形成愉快、健康的交往方式。

处理人际冲突的原则见表 5-6。

表 5-6 处理人际冲突的原则

原则	解读
对事不对人	在发生冲突或争执时，要将焦点置于事情本身，客观分析冲突的起因，避免将冲突扩大。人际冲突的起因大部分是一些生活琐事，双方都要承担一定的责任。如果将冲突的起因归于某个人，只会使双方相互攻击、激化冲突。这种错误的做法很容易被本能地使用

表5-6（续）

原则	解读
给情绪降温，做适度的让步	当发生人际冲突时，双方都处于一种应激状态。在这种情绪状态下，冲突双方很容易说出中伤对方的话而造成无法挽回的局面。此时，做适度的让步不失为一种明智的选择。让步并不代表忍气吞声，把握好度也是一种智慧
及时解决冲突	当发生人际冲突时，要直面问题，坦诚以待，立即处理，不要暗自较劲。面对人际冲突，双方如果能说出内心的真实感受，冲突一般都可以顺利解决。事实上，很多人在面临冲突时会选择逃避，经过数次逃避之后，小问题就会积攒成为大问题，再处理就会难上加难

二、处理人际冲突的策略

（一）学会换位思考

换位思考就是换个角度，站在对方的立场考虑问题。可以通过角色互换游戏学会换位思考，具体操作步骤如下：找一个安静的地方，放上两把椅子，坐在其中一把椅子上；想象一下，跟自己发生冲突的对象正坐在另一把椅子上，此时可以将你对他（她）的各种不满、意见、情绪和指责“毫不隐讳”地表达出来；在发泄完之后，你需要坐到另一把椅子上，想象自己就是对方，对面的椅子上坐着自己，再从对方的角度来一一回应你刚才的责难，并宣泄不满情绪。

（二）尊重对方，求同存异

每个人都有自己的个性特点。我们应该学会理解他人，尊重他人的兴趣爱好，承认他人与自己的某些差异，不轻易贬低他人的某些个性特点。

（三）学会沟通

受文化知识和生活阅历所限，中职生应不断提高自身的人际交往能力和技巧，在与他人发生矛盾时要积极敞开心扉，多进行沟通交流。

影响人际关系的主要个性品质

人际关系是人与人在活动过程中产生的直接的心理上的关系或心理上的距离。人际关系反映了个人或群体寻求满足其社会需要的心理状态，因此，人际

关系的变化与发展取决于双方社会需要满足的程度。影响人际关系的主要个性品质见表 5-7。

表 5-7 影响人际关系的主要个性品质

积极的品质	中间品质	消极的品质
真诚	固执	古怪
诚实	刻板	不友好
理解	大胆	敌意
忠诚	谨慎	饶舌
真实	易激惹	自私
可信	文静	粗鲁
智慧	冲动	自负
好学	好斗	贪婪
有思想	腼腆	不真诚
体贴	易动情	不善良
热情	羞怯	不可信
善良	天真	恶毒
友好	不明朗	虚假
快乐	好动	令人讨厌
顾全大局	空想	不老实
幽默	追求物欲	冷酷
负责	反叛	邪恶
开朗	孤独	装假
公正	依赖他人	说谎

模块训练

达成有效沟通的训练

训练目标：掌握沟通技巧，达成有效沟通。

训练内容：通过沟通游戏，明确沟通的方式；通过沟通技能自测，了解自己的沟通技能水平；通过电话沟通训练，体会沟通的要领。

请根据表5-8进行沟通技能自测。

表5-8　沟通技能自测

自测项目	测试结果					
	非常不同意	不同意	比较不同意	比较同意	同意	非常同意
我能根据不同对象的特点提供合适的建议或指导						
当我劝告他人时，更注重帮助他人反思自身存在的问题						
当我给他人提出反馈意见，甚至是逆耳的意见时，非针对个人						
当我与他人讨论问题时，始终能就事论事，而非针对个人						
当我批评或指出他人的不足时，能以客观标准和预先期望为基础						
在我纠正某人的行为后，我们的关系常常能更融洽						
在与他人沟通时，我会激发出对方的自我价值和自尊意识						
即使并不赞同，我也能对他人的观点表现出诚挚的兴趣						
我不会在比我权力小或拥有信息少的人面前表现出高人一等的姿态						

表 5-8（续）

自测项目	测试结果					
	非常不同意	不同意	比较不同意	比较同意	同意	非常同意
在和与自己持有不同观点的人讨论时，我将努力展示出双方的共同点						
我的反馈是明确而直接地指向问题的关键点，能够避免泛泛而谈或含糊不清						
我能以平等的方式与对方沟通，避免在交谈中让对方感到被动						
我通常以“我认为”而不是“他们认为”的方式来表示我对自己的观点负责						
在讨论问题时，我通常更关注自己对问题的理解，而不是直接提建议						

自我评价

沟通是一种交流、表达的过程，是一种相互认识、相互理解的过程，也是一种消除误会、化解矛盾的重要途径。请对个人沟通能力现状进行客观评价，在表 5-9 中的对应处标识“√”。

表 5-9　沟通能力的自我评价

要点描述	是	否
1. 有沟通的愿望，能够回应他人发出的沟通信号		
2. 重视且乐于沟通，愿意与他人建立联系		
3. 在遇到沟通障碍时，能够以积极的心态和不懈的努力对待冲突与矛盾，而不是回避		
4. 能够耐心倾听他人的观点，基本把握他人谈话的主旨		
5. 能够比较完整地表达自己的意见和想法，使对方能够理解		

表 5–9（续）

要点描述	是	否
6. 在与他人交流时能够准确理解他人的观点，积极地给予反馈		
7. 表达言简意赅，具有较强的逻辑性，观点清晰且明确		
8. 通过一些语言技巧（如比喻、排比等）清晰地表达较为深奥且复杂的观点		
9. 在表达时有意识地使用一些肢体语言作为辅助，以增强语言表达的感染力		
10. 预见到他人的需要和关注点时，能根据不同的对象采取相应的沟通策略		
11. 对不同对象和情境所要求的沟通方式有系统及深入的认识，并能自如地运用和进行灵活调整		
12. 能够打破以自我为中心的思维模式，尝试从对方的角度和立场考虑问题，体察对方的感受，促进相互理解		
13. 重视信息的分享，用心倾听各方的意见，并能根据实际情况及时做出调整和回应		

模块六

良言善行：重视社交礼仪

模块目标

素质目标：掌握职场礼仪，提升个人气质。

知识目标：了解姿态礼仪、表情礼仪、着装礼仪、交往礼仪、称谓礼仪、握手礼仪、介绍礼仪、名片礼仪、电话礼仪的含义；掌握着装的原则及个体着装礼仪。

能力目标：掌握面试前的注意事项和面试中常见问题的回答技巧。

思政树人

张良拜师

在秦国灭韩国后，张良立志为韩国报仇。一次，张良因刺杀秦始皇未遂受到追捕而避居到下邳。一天，张良到下邳桥上散步。这时，一位穿着粗布短衣的老人走到张良身边，故意把自己的鞋子扔到桥下，然后回过头来冲着张良说："孩子，下桥去给我把鞋子拾上来！"张良听了一愣，很想打对方一顿，但一看是个老人，就强忍着怒气到桥下把鞋拾了上来。那老人又命令张良："把鞋子给我穿上！"张良一想，既然已经给他拾来了鞋子，就给他穿上吧，于是就跪在地上给他穿鞋。

那老人把脚伸着，在张良给他穿好鞋后就笑嘻嘻地走了。张良一直用惊奇的目光注视着他的去向。那老人走了一段路又折回来，对张良说："你这个孩子是能培养成才的。五天后的早上，天一亮，你就到这里来同我会面！"张良跪下来说："是。"

第五天天刚亮，张良就来到下邳桥上。不料那位老人已经等在那里了，老人见了张良就生气地说："和老人约会，怎么迟到了？五天后的早上再来相会！"说完，老人就离去了。

到第五天早上，鸡一叫，张良就赶去，可是老人又等在那里了。老人见了张良又生气地说："怎么又迟到了？过五天再早点来！"说完，老人又走了。到了第五天，张良半夜就赶到桥上，等了好久，老人来了。老人高兴地说："这样才好。"然后老人拿出一本书，指着说："认真研读这本书，就能做帝王的老师了！10年后，天下形势有变，你就会发迹了。13年后，你会在济北郡谷城山下看到我——那儿有块黄石，就是我了。"老人说完就走了。

天亮时，张良拿出那本书一看，原来是《太公兵法》(辅佐周武王伐纣的姜太公的兵书)！张良十分珍爱它，经常熟读，反复地学习、研究。

10年过去了，陈胜等人起兵反秦，张良也聚集了100多人响应。沛公刘邦率领几千人在下邳的西面攻占了一些地方，张良归附于他，成为他的部属。张良经常向沛公献计献策，后来张良成了刘邦运筹帷幄、决胜千里的军师。刘邦称帝后，封张良为留侯。

张良始终不忘那位给他《太公兵法》的老人。13年后，他随刘邦经过济北时果然在谷城山下看见一块黄石。张良把黄石运回家，把它称为"黄石公"，作为珍宝供奉起来，定时祭祀。张良死后，他的家人把这块黄石和他葬在了一起。

作为汉初三杰之一的张良凭借自己超群的智慧闻名天下、流芳百世。《留侯世家》中刻画了张良拥有高尚宝贵的道德品质，如诚信重义、忠肝义胆、友善宽容、谦卑礼让等，给无数读者留下了深刻的印象。

资料来源：大宝:《一本书玩转职场心理学》，黄山书社，2011年版。(收入本书时略有改动)

自我诊断

对照自己在日常学习、生活中的仪容仪表方面的行为表现，对表6-1中所列仪容仪表的内容进行评价，将评价结果填写在对应的诊断结果中。

表 6-1 自我仪态诊断

仪态内容	诊断结果	
	是	否
1. 头发经常清洗，保持清洁；如果是男士，要及时修剪头发和胡子		
2. 着装得体，不过分华丽		
3. 化妆后给人清洁、健康的印象，不浓妆艳抹，不用香味浓烈的香水		
4. 在会见老师、校领导或出席仪式时，或者在长辈、老师面前，不得把手交叉抱在胸前		
5. 坐下后，端正上身，双腿平行放好，不把腿向前伸或向后伸，不要俯视前方。想移动椅子时，先把椅子放在适当的位置，然后坐下		
6. 与同学相遇应点头行礼表示致意		
7. 握手时站姿应笔挺自然，并注视对方的眼睛。握手时挺直脊背，不弯腰低头，做到大方热情、不卑不亢。同性间应由地位高或年纪大的人先伸手，异性间应由女方先向男方伸手		
8. 进入房间先轻轻敲门，待听到应答再进。进入房间后，回手关门，关门动作不应大力、粗暴。进入房间后，如果对方正在讲话，应稍等静候，不中途插话；若有急事要打断对方说话，应先说“对不起，打断一下”		
9. 当递交物件时，如递文件等，应将其正面以文字方向对着对方递过去；如递签字笔等，应把笔尖向着自己；对于刀子或剪刀等利器，应把刀尖向着自己		
10. 走通道、走廊时应放轻脚步		

见面时合乎礼仪规范的行为

王峰在读书时学习非常刻苦，成绩也非常优秀，几乎年年都拿特等奖学金，为此同学们给他起了一个绰号叫“超人”。毕业后，他顺利地进入一家外贸公司工作。一晃 8 年过去了，王峰已成为该公司驻国外的部门经理。

国庆节，王峰带着妻子和儿女回国探亲。一天，夫妻二人去大剧院观看音乐剧，刚刚落座，就发现有 3 个人向他们走来。其中一个人边走边伸出手大声地叫："喂！这不是'超人'吗？你怎么回来了？"这时，王峰才认出说话的人正是他高中的同学贾征。贾征毕业后去南方做生意，如今回到上海注册公司当起了老板。他今天陪着两位香港的生意伙伴来看音乐剧。

此时，王峰和贾征彼此既高兴又激动。贾征在大声寒暄之后才关注到王峰身边站着的女士，于是问王峰身边的女士是谁。王峰便向贾征介绍自己的妻子。待王峰介绍完毕，贾征高兴地走上去，给了王峰妻子一个拥抱礼。这时，贾征也想起该向老同学介绍他的生意伙伴。

问题 王峰和贾征见面时有无不合乎礼仪规范的行为？

拆锦囊 社交礼仪是在人际交往中的人们应共同遵守的行为规范和准则。在公众场合不宜大声喧哗，以免影响他人；与朋友见面时，不能喊对方的绰号；有伙伴同行时，要及时向对方介绍；在不同的国度须遵守不同的礼节，在中国与异性认识时一般采用握手礼。

第一节 仪态礼仪

一、姿态礼仪

姿态是指人体在空间里活动变化而呈现的姿势，是人的仪态的重要构成。它分为动态的姿态和静态的姿态两种。动态的姿态主要包括走姿、手势等，静态的姿态主要包括站姿、坐姿、蹲姿等。

（一）站姿

站姿是人体其他各种动态造型的基础。俗语讲的"站如松"就是优美站姿的真实写照。一个人在站立时弯腰驼背，会给他人一种萎靡不振的感觉；在站立时脊背挺直、收腹、提臀、立腰，会给他人一种精神振奋、积极向上的感觉。标准站姿的要领见表 6-2。

表 6-2 标准站姿的要领

主要身体部位	具体要求
整体	躯干直立，挺胸、收腹、提气、收臀，将身体重心放在两脚之间
头部	保持端正，脖颈挺直，两眼平视，面带微笑
手部	两臂自然下垂，虎口向前，或者在体前交叉，将右手搭在左手上，手指自然弯曲。将手放在身后显得威严，一般地位高者采用这种姿势
腿部	两腿要直，膝关节放松；两脚分开约成 45° ，与肩同宽或比肩略窄一点

（二）坐姿

“坐如钟”描绘了良好坐姿的形态。坐姿是体态的重要表现形式。优美的坐姿会给人以文雅、稳重、自然大方的感觉，同时体现了个体良好的气质和风范。此外，优美的坐姿可以使颈、胸、背、腰等部位的肌肉得到锻炼，对保持形体美极其重要。标准坐姿的要领见表 6−3。

表 6-3 标准坐姿的要领

场合	具体要求
落座时	动作要缓，声音要轻，从容入座，不可慌张用力；女子若着裙装，应在入座时稍微拢一下，以防有褶皱
落座后	表情自然、亲切，腰背挺直，肩放松，背部不靠在椅背上；女士双膝自然靠拢，脚后跟靠拢，男士双膝可以分开，但距离不要太大，以不超过肩宽为宜；身体坐在椅子的中后部，至少坐满椅面的2/3
起座时	端庄、稳重，动作不可过猛，否则会给人留下冒失、毛躁的印象

（三）走姿

在社交场合中，走姿是一种最引人注目的姿势，可以表现一个人的风度和活力。“行如风”体现了轻快、自然的良好走姿。走姿因个体不同而有所差异，有些人步伐矫健、敏捷，给人以精明、干练之感；有些人脚步轻盈、节奏快，给人以朝气蓬勃之感；有些人步伐稳健、沉重，给人以成熟、稳重之感；而有些人走路左右摇晃，给人以吊儿郎当的感觉。

标准的走姿要求双肩放松，两臂自然、协调地前后呈直线摆动，向前摆动时要屈肘，使其走姿自然。一般情况下，后摆幅度不要太大，前摆时要避免甩小臂，后摆时要避免甩手腕。在行走时，要面朝前方，表情自然、自信，并且面带微笑，双眼平视，头部端正，立腰挺胸；速度要均匀，步幅要适中，有节奏感。

（四）蹲姿

蹲姿即蹲的姿势，是指在低处取物、拾物时呈现的姿势。它是人体静态美和动态美的综合。蹲姿的风度是“雅”。在日常生活中，无论是捡拾落在地上的东西还是系鞋带，都要做到动作美观、姿势优雅。

标准的蹲姿要讲究方位，当需要整理鞋袜或在低处整理物品时，可面朝前方，两脚一前一后，目视物品，直腰下蹲；如果对方在你对面，应选择侧身相向，直腰下蹲。女士下蹲时，如果有必要，应左手轻挡前胸，避免走光，右手稍捋裙摆。当整理或捡起物品后，应先直起腰部，使头部、上身、腰部在一条直线上，然后稳稳站起。

（五）手势

手势即人的两只手臂所做的动作。手是人类最灵巧的器官，也是人用以传情达意的有效工具和手段之一。人们在说话时，为了加强语气、语调，通常使用手势辅助表达情感，与他人进行沟通。优雅手势应遵循的原则见表 6-4。

表 6-4　优雅手势应遵循的原则

原则	内容说明
手势不宜过多	手势过多会使对方眼花缭乱，给人喘不过气的压迫感；容易分散人的注意力，使对方不能辨别重点所在；容易令他人产生轻佻的感觉，给他人留下装腔作势、缺乏涵养的印象
手势幅度不宜过大	手势幅度较大，不但缺乏美感和艺术性，而且会令人产生烦躁不安、心神不宁的情绪
手势不宜过快	手势过快会给他人以紧张感，难以让他人有一个心理过渡，无法引人注意
手势不宜过高	手势过高（超过头顶），固然会引起他人的注意，但有失端庄大方的仪态。抬手手势以指尖到耳为宜

二、表情礼仪

表情是指人的面部情态，即依靠面部器官、肌肉的活动来表达个人的心理活动和思想感情的各种情态，如悲伤、快乐、好奇、惊恐、愤怒等。在人际沟通方

面，表情起着极其重要的作用。我们可以通过对对方表情的判断来调整自己在社交过程中的行为，从而给他人留下美好的印象。表情是仪态礼仪的重要组成部分，构成表情的因素多种多样，在此主要介绍以下两种。

（一）目光

俗语说："眼睛是心灵的窗户。"人的目光可以传达许多信息，敏锐的人可以通过一个人的目光感知其内心世界。目光是面部表情的重要组成部分，目光运用得当与否直接影响礼仪表现的好坏。

1. 注视的时间

在人际交往过程中，注视对方的时间长短非常重要。在与他人交谈的过程中，不可长时间地凝视对方，这是非常不礼貌的行为。此外，也不可以不注视对方或者在对方身上一瞥而过。一般情况下，注视对方的时间少于与对方全部相处时间的 1/3，表示轻视或者无兴趣；注视对方的时间约占与对方全部相处时间的 1/3，表示友好；注视对方的时间约占与对方全部相处时间的 2/3，表示重视。

2. 注视的角度

角度在目光礼仪中占有极其重要的地位，汉语中有许多描述不同角度目光的词语，如平视、仰视、俯视、扫视、斜视等。不同的目光角度可以传递出不同的态度。平视一般适用于普通场合，表示双方在交际的过程中地位、身份等各方面均平等。仰视表示对对方的尊敬、敬畏，适合晚辈面对长辈、下级面对上级时使用，也可以在个体面对自己非常尊敬的人时使用。俯视运用适当，能表示出长辈对晚辈的怜爱、疼惜；俯视运用不当，则有轻蔑、瞧不起对方之意。斜视多表示怀疑、轻视，与初识的人交往时尤其要避免此行为。

话题延伸

在正式场合，如果无意与他人的目光相撞，也应自然地与对方对视一两秒，然后缓慢移开。接触目光后立即移开，这是非常不礼貌的。

3. 注视的位置

目光注视对方的位置不同，不仅说明自己的态度不同，而且说明双方的关系不同。在洽谈、磋商等公务场合，注视的部位在对方的双眼与额头的三角区域。在舞会、酒会等社交场合，注视的部位在对方的双眼与嘴唇之间的三角区域。间隔距离较近的熟人采用亲密注视，表示亲近、友善；同时，要随着话题及其内容的变化做出及时的反应，此种注视的部位在眼部到胸部之间。

4. 注视的方式

在人际交往中，不同的注视方式可以传递不同的信息。例如，直视表示认真、尊重，适用于各种社交场合；凝视适用于一些特殊场合，用以表现个体的专注、恭敬；虚视表现为目光游离，多表示胆怯、心神不宁、无聊等；盯视表示出神或挑衅，一般不宜采用。

（二）笑容

笑容是人间最美的表情，是个人感到幸福、快乐时的情感流露。在日常生活中，我们常常可以看到人们不同的笑容，如大笑、微笑、狂笑、苦笑、奸笑、傻笑等。其中，微笑是社交场合中最受欢迎的、最有价值的笑容，是一种国际礼仪，能充分体现一个人的修养和魅力。在人际交往的过程中，微笑能帮助人们缩短心理距离，创造温馨的沟通氛围，为深入交谈打下良好的基础。

> **话题延伸**
>
> 微笑的基本要领：嘴角向上移动，略呈弧形，可以微微露齿，也可以笑不露齿；同时眉毛上扬并稍弯，眼里含笑。

三、着装礼仪

随着时代的发展，服装的作用不仅局限在遮羞、御寒方面，还在一定程度上反映了一个人的审美情趣和文化素养，传递了一个人的个性、职业、心理状态等信息，彰显了一个人的精神面貌。科学、巧妙地运用服饰搭配，与人构成和谐、统一的整体，会为个人的魅力锦上添花。

（一）着装的原则

目前，国际上通行的着装礼仪是遵循 TPO（time，place，object）原则。time 原则要求个体着装随着时间（如季节、时令、时代）的变化而变化。place 原则要求个体着装随着场合的变化而变化。这里所指的场合主要包括休闲场合和正式场合。object 原则要求个体应根据交往对象、交往目的的不同选择服饰。从目的上讲，人们的着装往往体现其一定的意愿，即自己对着装留给他人的印象是有一定预期的。

正确的着装可以起到修饰体型、容貌的作用，形成和谐的整体美。服饰的整体形象由人的形体、内在气质和服装的款式、色彩、质地等构成，整体性原则要求人们在着装时应精心搭配，注意各部分相互呼应关系，尽可能做到完美、和谐、得体，展现着装的整体美。

着装应符合一定的传统道德。在正式的社交场合，忌穿过露、过透、过短、过紧的服装。

服装的选择应与自己的年龄、肤色、身高、职业、体型相协调，力求反映一个人的个性特征。个体在选择服装时，着重点在于创造和保持自己的独特个性，扬长避短，展现个人魅力和风采。

话题延伸

着装应适应自己扮演的社会角色，服装的款式在表现服装的目的性方面可以发挥一定的作用，如表现出人张扬或者内敛、颓废或者激昂、随意或者庄重的个性特征等。

（二）个体着装注意事项

1. 服装与体型相搭配

人的体型没有完美无缺的，服装最大的意义在于美化不完美的体型。每个人应根据自己的身材选择服装，利用视觉上的错觉达到意想不到的效果。身材较胖且较矮小者应选择厚薄适中、质地柔软、竖条纹的服装，不宜选择材质较厚重、横条纹的服装。体型瘦高的人宜穿浅色横条纹或大方格等式样的服装，以视错觉来增加体型的横宽感；同时可选用红、橙、黄等暖色的服饰加以搭配，使之看上去健壮一些、丰满一些，更匀称一些。身材较丰满的女性适合穿宽松或深色、冷色且单一色彩的上装，而且上装款式不宜繁复。肩部太宽的女性适合穿深色、冷色且单一色彩的服装，以使肩部显窄些，不宜穿着加垫肩的服饰，同时不宜穿横条面料的服装。

2. 服装与脸型相协调

服装领子的形状对修饰脸型起很大的作用，不同脸型的人衣领搭配要遵循一定的技巧。鹅蛋脸是最完美的脸型，一般不用加以掩饰，所以任何衣领都适合。圆脸形的个体所穿衣服的衣领要低，且不能太狭小，如V形领、宽U形领、尖形领的衣服更适合，一定要避免选择紧贴脖子的衣领。对于三角形脸的人而言，因下颌宽大、上颌狭小，故穿V形领的衣服会使脸型看起来柔和些。长形脸的人宜穿圆领的衣服，不宜穿V形领的衣服。方形脸的人以配小圆角式衣领或双翻领为宜。

3. 服饰与着装者的职业相协调

在社会生活中，每个人都扮演着不同的角色、承担着不同的职责，每个个体的行为都必须与所扮演的角色应符合的行为规范一致，着装也不能例外。尤其是一个人身处工作岗位时，他不仅代表自身的形象，还代表其所在组织的形象。职业服装的具体要求为忌鲜艳、残破、暴露、短小、紧身和透视。

4. 服装与年龄相协调

在这个张扬个性的时代，服装穿着的年龄界限正在逐渐淡化，但不同年龄的人应注意色彩的搭配。例如，少女应选择色彩鲜明、亮丽的服饰，以展现其精力充沛、充满朝气的精神面貌；中年妇女应选择中性的、带有过渡色彩的服饰，在款式上以套装为主，以凸显其成熟、稳重、典雅的女性魅力。

5. 服装色彩的选择遵循三色原则

在选择服装时，色彩的选择应遵循三色原则。这里的三色是指三个色系，如粉红和桃红是一个色系，天蓝和深蓝是一个色系，豆沙色和咖啡色是一个色系。三色原则强调一个人的服饰及饰物的色彩在总体上要以少为宜、以精为妙，最好控制在三种颜色以内。这样总体给人一种简洁、和谐、大方的感觉。服装颜色的选择与肤色密切相关，在穿着服装的时候要根据自己的肤色进行搭配。

话题延伸

肤色较白的女性适合选择粉红色系的服装，玫红色、粉红色、淡粉色都是不错的选择；肤色较黄的女性适合选择蓝色或浅蓝色的上装，它能衬托出皮肤的白皙娇嫩；皮肤黝黑的女性宜穿暖色调的弱饱和色衣服，亦可穿纯黑色衣服，以绿色、红色和紫罗兰色作为补充色。人们穿衣可选择三种颜色作为调和色，即白色、灰色和黑色。

（三）女士套裙着装礼仪

1. 服装的大小和颜色应适度

上衣最短可以齐腰，不可以再短；裙子可以达到小腿中部，不可穿外露小腿过多乃至大腿的开衩裙。服装颜色不能太艳。

2. 应搭配衬裙

衬裙的重要作用是使内衣不暴露在外。衬裙以选择轻柔、透气的面料为佳，

话题延伸

穿着套裙时，不应随意脱下鞋子或翘起腿使鞋子处于半脱状态。

在色彩上应与套裙相协调。另外，衬裙上不应出现任何图案。

3. 应选择恰当的鞋袜

用来和套裙相匹配的鞋子应该为高跟鞋、半高跟鞋或盖式皮鞋，不宜穿旅游鞋、人字拖、系带式皮鞋、皮靴、露趾或露脚后跟的凉鞋等。另外，鞋子的颜色要与套裙的颜色一致，一般情况下，套裙和鞋子的颜色以黑色最正统。

身着正装时不宜光腿，可搭配尼龙丝袜、羊毛高筒袜、连裤袜等。袜子的颜色宜为单色，套裙、鞋、袜子的颜色要协调一致。袜子和裙子之间不宜有皮肤暴露在外，袜子应当完好无损。同时，不论是鞋子还是袜子，图案和装饰都不要过多，一些加了特殊设计的鞋袜，如镂空、图案、吊链等，会给人一种肤浅、不够庄重的感觉。

4. 应与妆容和饰品协调

妆容宜选择淡妆，给人以优雅、大方、得体的感觉。不宜选用闪光的化妆品，如颜色艳丽的指甲油；不适用深色口红，或者喷气味浓烈的香水；不宜使用叮当作响的手链，也不宜戴过长的吊挂式耳环；最好不要戴戒指。

（四）男士西装着装礼仪

西装源于欧洲，是一种国际性服装。一套合体的西装可以使穿着者看上去潇洒、精干、英武，而又不失稳重。

1. 约定俗成，遵循规范

在穿西装之前，要拆除袖子上的商标。西装上衣的口袋只做装饰用，必要时可以放置折叠好的手帕，不可放置他物，如钥匙、手机等，以免显得鼓鼓囊囊，破坏西装的整体造型。西装的袖口和裤边不应卷起，西装里面不能加毛背心或毛衣。按照国际惯例，正规场合穿西装，衬衫外面一般不穿羊毛衫。

2. 系好纽扣

西装纽扣的扣法大有讲究。如果是单排两粒扣，第二粒扣是样扣，一般只扣第一粒扣，两粒扣全部扣上会显得拘谨。如果是单排三粒扣，第一粒扣和第三粒扣是样扣，只扣中间一粒扣或都不扣。单排一粒扣则可扣可不扣。双排扣西装应把纽扣全部扣上，否则会让人觉得轻浮、不稳重。如果穿三件套西装，则应扣好马甲上所有的扣子，可不扣外套的扣子。穿西装时，衬衫的扣子一定要扣上，在坐下的时候，西装最后一粒纽扣以松开为宜，以避免使衣服产生褶皱。

3. 鞋袜与西装的协调

穿西装一定要穿皮鞋，不能穿旅游鞋和凉鞋等，裤子要盖住皮鞋鞋面。在正式场合，要穿黑色或棕色的皮鞋，这两种颜色的皮鞋可以同任何颜色的西装搭配。白色和灰色的皮鞋不适合在正式场合穿。应保持皮鞋的光泽、鞋面的洁净，不能蒙满灰尘。要配上合适的袜子，袜子起衔接裤子和皮鞋的作用，所以袜子的长度、颜色等非常重要。男士宜穿中长袜，这样在坐下时可以避免露出皮肤。挑丝、有洞的袜子不能穿着外出，不宜穿白色和透明的袜子，也不宜在公众场合整理自己的袜子。

4. 穿好衬衣

穿西装要穿长袖衬衣，穿短袖衬衣会被认为衣冠不整。衬衣的颜色应为单色，领口要挺括，同时要保持领口的整洁，无褶皱，无污垢，无油渍。衬衫的下摆必须塞在西裤里，袖口不可卷起，必须扣上扣子。长袖衬衣的衣袖要长于西装上衣的衣袖 0.5 ~ 1 厘米。领子要高出西装领子 1 ~ 1.5 厘米，这样可以彰显衣着的层次。领子不可翻在西装外；不系领带时，衬衣领口纽扣不可扣上。衬衣内除了背心外，最好不要再穿其他内衣，以免过于臃肿，破坏西装的线条美。衬衣颜色的选择亦尤为重要，在正规的商务、政务应酬中，白色衬衣是男士的唯一选择。

5. 系好领带

在正式场合，穿西装应系领带。在选择领带时，要考虑面料、颜色、花纹和自己的身材。领带的颜色一般要与西装的颜色搭配。系领带要得法，领带的常用系法有单结、双环结、温莎结、半温莎结、交叉结。在系领带时，衬衣上面的第一粒扣子要扣好，领带的长度以到皮带扣处为宜，领带夹一般夹在衬衫的第四粒纽扣和第五粒纽扣之间。

6. 三一定律

所谓三一定律，是指鞋、腰带、公文包为同一颜色。

（五）配饰的佩戴方法

配饰与服饰不同，它主要起点缀、美化和烘托的作用，是服装的有机组成部分，是个人整体形象塑造的有力衬托，可以起到画龙点睛的作用。佩戴配饰时只有遵循一定的礼仪规范才能使其发挥一定的功用，否则将弄巧成拙。

1. 配饰的分类

（1）首饰。首饰主要包括戒指、项链、耳饰（耳环、耳链、耳钉、耳坠等）、手镯和手链、脚链等。

（2）衣饰。衣饰主要包括胸饰（如胸花、胸针）、围巾、帽子、墨镜等。

2. 佩戴饰物的规则

在日常生活中，根据个体职业及身份、场合、年龄的不同，配饰的选择和佩戴也要有所不同。佩戴饰物的规则如下。

（1）所佩戴饰物总量不超过三种。饰物的佩戴在数量上以少、精为佳，忌多多益善。如果同时佩戴饰物，在总量上不得超过三种。除耳环、手镯等饰物外，其他饰物最好不要超过一件，新娘可以例外。饰物的佩戴应达到一种“清水出芙蓉，天然去雕饰”的境界。

（2）色彩和谐。应力求饰物同色，如果同时佩戴两件或两件以上饰物，应力求使其色彩接近或一致，做到得体、大方。如果佩戴的饰物五彩斑斓，会让人产生庸俗的感觉。

（3）质地相同。同时佩戴两种或两种以上的配饰，应质地相同。帽子、围巾、手套要求其质地相同；项链、戒指、耳环等要求其质地相同；戴镶嵌首饰时，应使被镶嵌物的质地一致，托架也应力求一致，以达到整体上协调的效果。

（4）根据个体特点选择配饰，切勿盲目跟风。配饰作为一种工具，可以帮助人们在塑造个人形象的过程中扬长避短，凸显个人魅力。如果个体的脖子短而粗，则应选择细长的项链，而不应选择紧贴脖子的项链；如果个体头部比例较大，则不应选择大的帽子；个子较矮的人不应围长围巾；圆脸者适宜戴长款耳环或V形项链；中年妇女应选择款式典雅且大方的首饰，以彰显自身的成熟魅力；年龄较小的人在选择饰品时，在颜色和款式上有较大的自由。

（5）配饰的选择应与所处的环境条件相协调。较为庄重的社交场合多选用高档饰品，如珠宝首饰等，将珠宝首饰与礼服相结合可让你魅力四射；在一般的工作场合选择端庄大方的饰品即可，但佩戴应以不影响工作为基本前提。中职生在校园内宜选戴银质饰品、工艺饰物或不戴饰物，不宜戴高档饰品。

（6）配饰的选戴应符合有关的习俗和惯例。

第二节　交往礼仪

一、交往礼仪的界定

人们在社会交往活动过程中所形成的应共同遵守的行为规范和准则就是交往礼仪。其具体表现为礼节、礼貌、仪式、仪表等。社会是人们交往作用的产物，没有人际交往就不会形成社会。人要生存发展就不能置身于社会交际之外。

在社交场合应恰当地运用社交礼仪，使礼仪发挥应有的作用，以创造最佳人际关系状态。在与人交往的过程中，应注意的礼仪原则详见表 6-5。

话题延伸

遵守人际交往礼仪是人们顺利进行社会交往、促进事业成功的重要条件。

表 6-5　交往礼仪的原则

原则	内容说明
真诚尊重原则	真诚是待人处事的一种实事求是的态度，是对人真心实意的友善表现。真诚和尊重表现为不说谎、不虚伪、不骗人、不侮辱人，所谓“骗人一次，终身无友”；也表现为对他人的正确认识，相信他人、尊重他人，所谓心底无私天地宽。只有真诚奉献，才有丰硕的收获；只有真诚尊重，才能使双方心心相印、友谊地久天长
平等适度原则	在社交场上，礼仪行为总是表现为双方的，你给对方施礼，对方自然也会相应地还礼于你。礼仪施行必须讲究平等的原则，平等是人与人交往时建立情感的基础，是保持良好人际关系的诀窍。适度原则即交往应把握礼仪分寸，根据具体情况、具体情境行使相应的礼仪，如在与他人交往时，既要彬彬有礼，又不能低三下四；既要热情大方，又不能轻浮谄谀；要自尊但不能自负，坦诚但不能粗鲁，信人但不能轻信，谦虚但不能拘谨，老练持重但不能圆滑世故

表 6-5（续）

原则	内容说明
自信自律原则	自信是社交场合中关于心理健康方面的原则，只有对自己充满信心，才能在人际交往中如鱼得水、得心应手。一个有充分自信心的人能在交往中不卑不亢、落落大方，遇到强者不自惭，遇到艰难不气馁，遇到侮辱敢于挺身反击，遇到弱者会伸出援助之手。要摆正自信的天平，既不缺少信心，不前怕狼后怕虎，也不自负高傲、自以为是。一个缺乏自信的人会处处碰壁。 自律即进行自我约束。在社会交往过程中，每个人都应在心中建立起道德信念和行为修养准则，以此来约束自己的行为，严以律己，实现自我教育、自我管理
信用宽容原则	信用即讲究信誉。“民无信不立”，“与朋友交，言而有信”，强调的正是守信用原则。守信是中华民族的美德，在社交中尤其讲究守时、守约。守时即对与他人约定时间的约会、会见、会谈、会议等，绝不拖延迟到；守约即对与他人签订的协议、约定和口头承诺一定要说到做到。因此，在社交场合不要轻易向他人做出承诺，一旦承诺，应说到做到；如果承诺了却做不到，就会失信于人

二、称谓礼仪

称谓礼仪是在称呼亲属、朋友、同事或其他有关人员时使用的一种规范性礼貌用语，准确的称谓能恰当地体现出当事人之间的关系。得体的称谓是有教养的体现，能展现个人的修养。恰当地使用称谓是日常社交活动的一种基本礼仪。称谓礼仪有职务称谓、职业称谓、职称称谓、姓名称谓、性别称谓等类型，称谓礼仪在人们的日常生活和外交活动中非常重要。称谓礼仪详见表 6-6。

表 6-6 称谓礼仪

称谓礼仪	内容说明
职务称谓	职务称谓是指用对方所担任的职务作为称谓。这种称谓不出现名字、字号，以表示对对方的尊敬和爱戴。现在人们用职务称谓的现象已相当普遍，如“王经理”“赵院长”“肖书记”“刘局长”“李科长”等
职业称谓	职业称谓即用对方从事的职业当作称谓，如“赵大夫”“李老师”“刘会计”等，不少行业可以用“师傅”相称
职称称谓	职称称谓是指对有职称的人，尤其是对具有高级、中级职称者，在工作中可以直接以其职称相称，如“王教授”“周工程师”等

表6-6（续）

称谓礼仪	内容说明
姓名称谓	姓名称谓是使用比较普遍的一种称谓形式，其用法大致有以下几种情况。 （1）全姓名称谓，即直呼其姓和名，如“李大伟”“刘建华”等。姓名称谓有一种庄严感、严肃感，一般用于学校、部队或其他郑重场合。而在人们的日常交往中，指名道姓地称谓对方是不礼貌的，甚至是粗鲁的。 （2）名字称谓，即省去姓氏，只呼其名字，如“大伟”“建华”等，这种称谓显得既礼貌又亲切，所以运用的场合比较广泛。 （3）姓氏加修饰称谓，即在姓之前加一个修饰字，如“老李”“小刘”“大陈”等，这种称谓亲切、真挚，一般用于在一起工作和生活的相互比较熟悉的人之间
性别称谓	一般约定俗成地按性别的不同分别称谓为“小姐”“女士”“先生”。其中，“小姐”“女士”两者的区别在于：未婚者称“小姐”，不明确婚否者可称“女士”

三、握手礼仪

握手是交际的一部分，握手的力量、姿势和时间的长短往往能够表达出对对方的不同礼遇与态度，显露出自己的个性，给他人留下不同的印象。同时，可通过握手了解对方的个性，从而赢得主动。

通常，与他人初次见面或与熟人久别重逢、告辞、送行都可握手致意。在有些特殊场合，如向他人表示祝贺、感谢或慰问时，双方交谈出现共鸣时，或当矛盾有了某种良好的转机或双方彻底和解时，习惯上也采用握手礼仪。

在握手时，应距对方约一步远，上身稍向前倾，立正，伸出右手，四指并拢，双方虎口相交，拇指下滑。应注意，掌心向下握住对方的手，显示一个人强烈的支配欲，因此应尽量避免使用这种傲慢无礼的握手方式。相反，掌心向里显示出一个人的谦卑和恭敬。平等而自然的握手姿态是两手掌都处于垂直状态，这是一种最普通、最稳妥的握手方式。戴着手套握手是失礼的行为，男士在握手前应先脱下手套、摘下帽子，女士可以例外。当然，在严寒的室外也可以不脱手套，但是一般应先说声“对不起”。握手时，双方应互相注视、微笑、问候、致意，不要看第三方或显得心不在焉。

除了关系亲近的人可以长久地握手外，一般握手只需两三下即可。握手一般

不可太用力，但漫不经心地用手指尖“蜻蜓点水”式地握一下也是无礼的。握手的时间一般要控制在 3 ~ 5 秒。如果要表示自己的真诚和热情，握手的时间也可稍长，并可上下摇晃几下。握手时间也不宜过短，两手一碰即分，就像走过场，会给人以有所介意的感觉；而握手时间过长，特别是拉住异性或初次见面者的手久久不放，也会显得有些不自重和虚情假意。

在公务场合，握手时伸手的先后次序主要取决于职位、身份；在社交、休闲场合，握手时伸手的先后次序主要取决于年龄、性别、婚否。长辈和晚辈之间，在长辈伸手后，晚辈才能伸手相握。上下级之间，在上级伸手后，下级才能接握。男女之间，在女方伸手后，男方才能伸手相握；如果男方为长者，则应遵照长辈与晚辈之间的握手礼仪。在接待来访者时，这一问题会变得比较特殊。当客人抵达时，主人首先伸出手与客人相握，而在客人告辞时，应由客人首先伸出手与主人相握。前者表示“欢迎”，后者表示“再见”。如果这一次序颠倒，就容易让人产生误解。值得注意的是，上述握手时的先后次序不必处处苛求。如果自己是尊者、长者或上级，而位卑者、年轻者或下级抢先伸手，最得体的就是立即伸出手进行配合，而不要置之不理，使对方尴尬。

话题延伸

为避免尴尬，在主动和他人握手之前，应想一想自己是否受对方欢迎。如果察觉对方没有握手的意思，则只需点头致意或微微鞠躬即可。

在和多人握手时，要讲究先后次序，由尊而卑，即先年长者后年幼者，先长辈后晚辈，先上级后下级，先老师后学生，先女士后男士，先已婚者后未婚者。如果人数较多，可只与离自己近的几人握手，向其他人点头示意或微微鞠躬即可。

四、介绍礼仪

在社交或商务场合，如果能正确把握介绍的机会，不但可以广交朋友，而且有助于自我展示，消除与人交往的误会，减少麻烦。介绍是人际沟通的重要组成部分，良好的合作可能就从这一刻开始。

（一）他人介绍的礼仪

他人介绍又称第三人介绍，是由第三人为彼此不相识的双方引见的一种介绍方式。在一般情况下，为他人介绍都是双向的，即第三人对被介绍的双方都做一番介绍。在有些情况下，也可只将被介绍者中的一方向另一方介绍，比如前者已了解后者的身份，而后者却不了解前者。他人介绍中的第三人一般是社交活动中的东道主、社交场合中的长者、家庭聚会中的女主人、公务交往活动中的公关人员等。

1. 他人介绍的时机

他人介绍的时机包括：在家中接待彼此不相识的客人时；在办公地点接待彼此不相识的来访者时；与家人外出，路遇家人不相识的同事或朋友时；陪同亲友前去拜会不相识的人时；在陪同上司、长者或来宾的过程中遇见其不相识者，而对方跟他们打了招呼时；打算推荐某人加入某个社交圈时；受到为他人做介绍的邀请时。

2. 他人介绍的顺序

（1）介绍长辈与晚辈认识时，先将晚辈介绍给长辈。

（2）介绍年长者与年轻者认识时，先将年轻者介绍给年长者。

（3）介绍老师与学生认识时，先将学生介绍给老师。

（4）介绍已婚者与未婚者认识时，先将未婚者介绍给已婚者。

（5）介绍女士与男士认识时，先将男士介绍给女士。

（6）介绍同事、朋友与家人认识时，先将家人介绍给同事、朋友。

（7）介绍社交场合的先至者与后来者认识时，先将后来者介绍给先至者。

（8）介绍来宾与主人认识时，先将主人介绍给来宾。

（9）在公务场合，先将职位低者介绍给职位高者。

3. 他人介绍的类型

他人介绍的类型详见表 6-7。

表 6-7　他人介绍的类型

类型	内容说明
标准式	标准式适用于正式场合，介绍内容以双方的姓名、单位、职务等为主
简介式	简介式适用于一般的社交场合，介绍内容往往只有双方的姓名一项，甚至可以只提到双方的姓氏
引见式	引见式适用于普通的社交场合。在做这种介绍时，介绍者所要做的只是将被介绍者双方引荐到一起

表 6-7（续）

类型	内容说明
强调式	强调式适用于各种交际场合，介绍的内容除被介绍者的姓名外，往往还会刻意强调其中某位被介绍者与介绍者之间的特殊关系，以便引起另一位被介绍者的重视
礼仪式	礼仪式是一种正规的介绍方式，适用于正式场合。其内容略同于标准式，在语气、表达和称呼上都更为礼貌
推荐式	推荐式适用于比较正规的场合，多是介绍者有备而来，有意将被介绍者举荐给某人，因此在内容方面通常会对其优点加以重点介绍

4. 他人介绍的细节

他人介绍的细节包括：介绍者在为被介绍者做介绍之前要征求双方的意见。被介绍者在介绍者询问是否愿意认识某人时一般不拒绝或扭扭捏捏，应欣然接受；但若实在不愿结识对方，应向介绍者说明缘由，以取得谅解。当介绍者走上前为被介绍者做介绍时，被介绍的双方均应起身站立，面带微笑，并恭敬地目视介绍者或者对方。介绍者介绍完毕，被介绍双方应依照合乎礼仪的次序进行握手，并且彼此应使用友好的语言问候对方，不要有意拿腔捏调、硬端架子，显得瞧不起对方。

5. 介绍后双方应行使的礼节

介绍后双方要互相问候，如果是两位男士，通常应握手致意；如果是一男一女，男士应等女士伸出手再伸手相握，女士不伸手，男士不应该主动伸手。握手时力度要适中，太重表现得过于热情，太轻容易使对方感到不够受尊重。

（二）自我介绍的礼仪

自我介绍时，应根据社交礼仪的具体规范，注意时机、内容和要求等问题，以便使自我介绍恰到好处，不失分寸。

话题延伸

介绍客人时切勿遗漏，应介绍而未介绍是不礼貌的行为，并且没被介绍的人会被认为是不受欢迎的人。此外，向外国朋友介绍中国同事或上级时应注意：介绍客人时应将官衔、职务或职业名称等冠于姓之后，因有些词在英语中不适合用于姓前；介绍已婚女士时要考虑到西方女士婚后改用其丈夫姓，而我国女士婚后仍保持原来姓氏。

1. 自我介绍的时机

（1）因业务关系需要相互认识、进行接洽时可做自我介绍。

（2）首次登门造访要事先打电话预约，在电话里应做自我介绍。

（3）在参加大型聚会时，对不相识的与会者或同席的人应互相进行自我介绍。

（4）在出差、旅行途中与他人不期而遇，并且有必要与之建立临时接触时，可适当做自我介绍。

（5）初次前往他人居所、办公室时要做自我介绍。

（6）应聘求职时应先做自我介绍。

（7）利用大众传媒向社会公众进行自我宣传时要做自我介绍。

（8）应试求学时应向主考官进行自我介绍。

2. 自我介绍的要求

自我介绍的要求详见表 6-8。

表 6-8　自我介绍的要求

要求	内容说明
注意时间	做自我介绍要力求简洁，尽可能地节省时间，以半分钟左右为佳，如果无特殊情况最好不要超过一分钟。为了节省时间，在做自我介绍时还可利用名片等加以辅助。自我介绍应在适当的时间进行，这里的适当时间主要指对方有兴趣、有空闲、情绪好、有要求时
实事求是	在做自我介绍时，所表述的各项内容一定要实事求是、真实可信，没有必要过分谦虚或一味地贬低自己；但也不可自吹自擂、夸大其词，否则会得不偿失
讲究态度	做自我介绍务必要自然、随和、落落大方；要充满信心和勇气，千万不要因胆怯而临场发挥失常；要胸有成竹、不慌不忙，这样不仅有助于自我放松，而且能让对方对自己产生好感。另外，在做自我介绍的过程中，语气要自然，语速要平缓，吐字要清晰
要懂礼貌	应尽量用敬辞，以表现出良好的个人素质

3. 自我介绍的禁忌

自我介绍的禁忌包括：言行虚假；不让他人说话；随便扩大指代范围；口头禅和肢体动作过多；语言呆板，重复使用某些句式或词语。

五、名片礼仪

在人际交往中要规范地使用名片，这样有利于为自己树立良好的礼仪形象。

（一）名片放置礼仪

随身携带的名片应放在比较精致的名片夹里，并且应该放在方便取出的地方。具体来说，在穿西装时，名片夹只能放在左胸内侧的口袋里。因为名片是一个人身份的象征，而左胸是靠近心脏的地方，将名片放在靠近心脏的地方是对对方的一种礼貌和尊重。在不穿西装时，可将名片夹放在自己随身携带的公文包里。在社交场合需要接受的名片很多，最好将他人的名片与自己的名片分开放置。如果不小心将他人的名片当作自己的名片送给了其他人，则是非常尴尬的。

（二）名片递送礼仪

给对方名片和接受对方名片都能体现一个人的素养，因此应当注意以下礼仪要求。

（1）职位低者先递名片。

（2）双手接受对方的名片。

（3）在客人递名片时，应站起来接受。

（4）在拜访单位时，拜访者先递名片。

（5）在递名片时，要准确告诉对方本人的姓名、公司名称及所属部门。

（6）接受对方名片后要仔细地看一遍，千万不要一眼不看就放起来，最好将对方的姓名和职称等默默地读一遍。

（三）名片礼仪禁忌

正确使用名片能够提升个人形象，不当使用名片有损个人的身份、地位。以下是几种名片礼仪中的失礼行为。

（1）递名片时不说姓名。

（2）从后裤兜掏名片。

（3）在客人面前慌忙翻找名片。

（4）把客人的名片拿在手里摆弄。

六、电话礼仪

（一）打电话礼仪

打电话看起来容易，其实大有讲究，可以说是一门学问、一门艺术。如果缺乏使用电话的常识，不懂打电话的礼仪，那么就可能使交流产生障碍。

1. 拨打礼仪

（1）时间选择适宜。使用电话的时间包括拨打电话的时间和电话交谈所持续的时间。如果不是特别紧急的事，打电话一般不应选择在 7：00 以前、就餐时间或 22：30 以后，因为在这几个时间段打电话有可能会打扰对方休息或用餐。电话交谈时间以 3 ~ 5 分钟为宜，不宜过长；如果电话需持续 5 分钟以上，而又没有提前预约，应该向对方说明并征得对方同意；如果对方不便接电话，应与对方另约时间。

（2）准备好通话内容。但凡重要的电话，在通话之前都应做充分的准备，这样既可以节省时间又可以抓住重点，条理分明。一般需把要谈的内容归纳成几条写在纸上。这样，在电话沟通时就可以层次分明、有条不紊地说清自己的事情，而不至于丢三落四、东拉西扯，既浪费时间又给对方留下糟糕的印象。

2. 通话礼仪

在使用电话传递信息时，由于通话双方彼此不见面，所以直接影响通话效果的是通话者的声音、情绪和使用的言辞，它们既与通话内容直接相关，又影响通话者之间的关系。一个人在电话里的讲话方式可体现出他的修养水准。因此，在电话接通以后，交谈过程要符合通话礼仪，详见表 6-9。

表 6-9　通话礼仪

礼仪	内容说明
声音要优美，语气要平和	在电话接通以后，应该礼貌地问候对方。在交谈的过程中，语气要平和，不能急促，尤其要避免生硬的语气
控制情绪，保持喜悦的心情	在电话交谈时，应该始终保持尊重、诚恳和良好的心情。即使自己刚刚遇到不顺心的事，打电话时也不要让不佳的情绪影响了情绪，使对方感到不舒服。打电话时虽然彼此看不见，但如果使用欢快、热情和亲切的语调能使对方受到感染，给对方留下良好的印象

表 6-9（续）

礼仪	内容说明
声音清晰且明朗，将语气语调控制在最佳状态，保持端正的姿势	语气语调最能体现细致微妙的情感。语气过重、语调过高，会让对方感到生硬、冷淡；语气太轻、语调太低，会让对方感到无精打采、有气无力。一般来说，语气适中、语调稍高，声音清晰且明朗，尾音稍拖一点，会让对方感到亲切而自然。打电话的姿势也会影响声音效果。若打电话时弯腰躺在椅子上，说话时气流不通畅，传给对方的声音就是懒散的、无精打采的；若坐姿端正，发出的声音就会亲切悦耳，充满活力。因此，在打电话时，即使对方看不见，也应保持端正的姿势
不做其他事情	在打电话的过程中不要吸烟、喝茶、吃东西等，否则是对对方的不尊重

（二）接电话礼仪

接电话同样要注意礼仪规范，以塑造良好的个人形象和单位形象。接电话礼仪详见表 6-10。

表 6-10 接电话礼仪

礼仪	内容说明
迅速、准确地接听	听到电话铃声，应迅速、准确地拿起听筒，最好在铃响三声之内接听，若长时间无人接听或让对方久等则是很不礼貌的。即便电话离自己很远，在铃声响起后，也应该用最快的速度拿起听筒。这样的态度是每个人都应该拥有的，这样的习惯是每个工作人员都应该养成的。如果电话铃响了五声才拿起话筒，应该先向对方道歉
认真、清楚地记录	接听电话需做记录时要牢记“5W”原则，即 when（何时）、who（何人）、where（何地）、what（何事）和 why（为什么）。电话记录要做到简洁而完备
了解来电目的	应认真对待每次来电，不可敷衍。当对方要找的人不在时，切忌只说“不在”就把电话挂断，要尽可能问清事由，避免误事。如果对方所说的事情自己无法处理，要认真记录下来
挂电话前的礼仪	一般应由打电话的一方提出结束通话，然后彼此客气地说声“再见”之后挂断电话。注意不可仅自己讲完便匆匆挂断

模块训练

职场礼仪训练

训练目标： 掌握职场礼仪，开启精彩职业旅程。

训练内容： 通过仪容仪表、着装、仪态、表情和商务礼仪的训练，认识职场礼仪的重要性，学会常用的职场礼仪，为自身塑造良好的职场形象。

一、仪容仪表及着装训练

请根据仪容仪表的要求塑造自己的职场形象，请对照表6-11进行自我检查并修正，还可以在同学间进行互评。

表6-11 仪容仪表自我检查表

<table>
<tr><th>职场女性仪容仪表自我检查</th><th>职场男性仪容仪表自我检查</th></tr>
<tr><td colspan="2">头发是否干净、无头屑</td></tr>
<tr><td colspan="2">头发是否梳理整齐</td></tr>
<tr><td>发型是否过于特别</td><td>头发长度是否合适</td></tr>
<tr><td colspan="2">牙齿是否刷过？饭后是否漱口或嚼了口香糖</td></tr>
<tr><td colspan="2">口中是否有烟、葱、蒜、酒等异味</td></tr>
<tr><td colspan="2">身上是否有汗水或其他异味</td></tr>
<tr><td colspan="2">指甲是否干净、整齐</td></tr>
<tr><td>是否涂了鲜艳或另类的指甲</td><td>胡须是否刮干净？如果蓄须，是否干净</td></tr>
<tr><td>香水是否喷得过于浓烈</td><td>鼻毛是否修干净</td></tr>
</table>

二、表情训练

（一）微笑训练

在理解微笑的重要性及掌握微笑的要领后，同学之间相互练习。

微笑是真正的“世界语言”，是人际交往的通行证。微笑是指在脸上露出愉快的表情。在人际交往中，微笑是对人的尊重和理解，也是善良、友好和赞美的表示。要笑出感情、笑得亲切、笑得甜美、笑得感人、笑得稳重、笑得大方、笑出素质与修养，先要放松自己的面部肌肉，然后使自己的嘴角两端微微向上翘起，让嘴唇略呈弧形。微笑时，目光应当柔和，双眼略微睁大，眉头自然舒展，眉毛微微向上扬起。

（二）目光训练

理解眼神的重要性，掌握运用目光的要领，同学之间相互练习。

眼睛是心灵的窗户，眼神更有其特殊的表现力和感染力。举止、眼神代表个人的道德修养，职场人士的举止神态更代表单位的形象，中职生要从细微处做起，树立良好的职场形象。

目光接触时间是指人们视线相互接触的时间，通常占社交时间的 30% ~ 60%，每次的目光接触时间控制在 3 秒内比较合适。目光视线区域分为三类：业务性凝视（从额头中间到双眼的三角区域）、社交性凝视（从双眼到嘴的三角区域）和亲密性凝视（从双眼开始，越过下巴，直到身体其他部位的三角区域）。

自我评价

细节是一种习惯、一种积累，每个细节都代表我们对工作的态度。在这个注重精细化的时代，细节往往能反映个人的专业水准、突出个人的内在素质。请对照表 6-12 所列出的生活中的细节查看你已经做好了哪些、哪些还需要改进，请在表格对应处标识“√”。

表 6-12 关注生活中的细节

序号	细节描述	做得好的	需改进的
1	去他人家里，不要坐在床上		
2	“晴带雨伞，饱带干粮”，未雨绸缪总是好的		
3	如果问他人话，他人不回答你，你不要不停地问		
4	吃饭的时候尽量不要发出声音		
5	捡东西或穿鞋时要蹲下，不要弯腰、撅屁股		
6	在他人批评你的时候，即使他是错的，也不要辩驳，应等大家都平静了再解释		
7	做事要适可而止，无论是面对自己喜欢的事物还是厌恶的事物		

表 6–12（续）

序号	细节描述	做得好的	需改进的
8	到朋友家吃完饭要主动帮忙洗碗、清理桌子，主人做饭已经很辛苦了，不能事后还让主人清理		
9	在生活中会遇见各种各样的人，你不可能与每个人都合拍，但是请记住：你如何对待他人，他人也会如何对待你		
10	待客不得不大，持家不得不小		
11	把拳头收回来是为了更有力地还击		
12	在任何时候对任何人都不要轻易告诉对方你的秘密		
13	学无止境，不仅要学会书本知识，还要学会怎么待人处世，社会远比你想象得复杂		
14	少说他人是非，把自己的嘴管牢		
15	做事，做好了是你的本分，做得不好就是你的失职		
16	只有错买，没有错卖，不要只顾贪小便宜		
17	有时候孤单是正常的，不要害怕，要自己学会调适		
18	不要算计他人，尤其不要算计自己喜欢的人，对自己喜欢的人不要使用手段去得到		
19	最勇敢的事情是认清了生活的真相之后依旧热爱生活。不要害怕被欺骗，但要知道世界上存在欺骗		
20	在借给他人钱的时候，心里要有个底，即：要想着这个钱可能是回不来的，所以借出去的钱永远要在自己能承受的损失范围内。对于自己不能承受的数目，一定不能外借		
21	在最好的朋友之间，除非他穷得没有饭吃了，否则最好不要有经济往来。许多可贵的友谊都败坏在金钱上		
22	出门在外能忍则忍，退一步海阔天空		
23	擦桌子的时候要往自己的方向抹		
24	打电话、接电话时的第一句话一定是“喂，您好”，挂电话的时候要等他人先挂		
25	早上一定要吃早餐，万一不能吃早餐一定要喝杯水		

表 6-12（续）

序号	细节描述	做得好的	需改进的
26	不随地吐痰、扔东西，如果没有垃圾箱，就拎回家扔垃圾桶里		
27	多看书对心灵有益，在书中你会看到一个更广阔的世界		
28	是你去适应社会，而不是社会来适应你		
29	不要让他人知道自己的真实想法；要在人前笑，一个人躲起来哭		
30	走路时手不要插在口袋里		
31	简单的事情复杂做，复杂的事情简单做		
32	机会只留给有准备的人，天上不会掉馅饼		
33	不管在什么条件下都要仔细刷牙，特别是晚上		

模块七

阳光心态：优化健康素养

模块目标

素质目标：学习优化个人健康素养的方法，成为一个身心健康的人。

知识目标：了解身体健康的标准、心理健康的标准、情绪的含义、情绪管理的原则，校园欺凌的含义、类型及危害，校园暴力的含义与危害，挫折的构成因素和产生挫折的原因。

能力目标：学会管理情绪，掌握健康管理的措施、情绪的调适方法、压力应对的方式和积极应对挫折的方法。

思政树人

中国民航英雄机长刘传健

1991 年，19 岁的刘传健光荣入伍，成为一名驰骋蓝天的空军飞行员。2006 年，他从空军第二飞行学院退役，加入四川航空股份有限公司，已安全飞行 1.3 万多个小时。

作为部队出身的资深飞行员，刘传健的言行举止都散发着军人严谨、刚毅、沉稳的气质。在关键时刻，他敢于挑战飞行极限，勇当国家财产、人民生命的守护者。

2018 年 5 月 14 日，川航 3U8633 重庆至拉萨航班执行任务时，在万米高空突然发生驾驶舱挡风玻璃爆裂脱落、座舱释压的紧急状况，这是一种极端而罕见的险情。在生死关头，该机机长刘传健果断应对，带领机组成员临危不

乱、正确处置，确保了机上119名旅客的生命安全。

中国民航总局和四川省人民政府授予川航3U8633航班机组“中国民航英雄机组”称号，授予机长刘传健“中国民航英雄机长”称号。2019年2月18日，刘传健获得“感动中国”2018年度人物荣誉。在颁奖典礼现场，当主持人再次谈及那次飞行任务时，刘传健并没有过多地描述他当时的壮举，而是向观众讲述当时同行机组人员的故事。“他们在关键时刻让旅客放心，帮助他们系好安全带和戴氧气面罩，其中有一名乘务员在帮助旅客系好安全带后，由于自己没有安全带可以系，就让旅客从后面抱住她，飞机落地后，她才发现旅客流的眼泪把她的衣服打湿了。”

经历了为期6个月的康复疗养后，2018年11月16日，川航英雄机组再次重返蓝天。“我们将尽心执飞好每一个航班，确保安全飞行。”在接到复飞指令后，机长刘传健表示。

2019年，“感动中国”节目组向刘传健授予颁奖辞：“仪表失灵，你越发清醒；乘客的心悬得越高，你肩上的责任越重。在万米高空的险情中如此从容，别问这是怎么做到的，每一个传奇背后都隐藏着坚守和执着。”

资料来源：《刘传健：完成“史诗级”备降的英雄机长》，四川在线，2019年1月12日。（收入本书时略有改动）

自我诊断

对照自己日常在学习、生活中的心态方面的行为表现，完成表7-1中所列的心态自我评价。

表7-1 阳光心态自我评价

类型	主要表现	评价结果
健康心态	自信	□ 表现优秀 □ 表现良好 □ 表现一般 □ 表现较差
	宽容	□ 表现优秀 □ 表现良好 □ 表现一般 □ 表现较差
	奉献	□ 表现优秀 □ 表现良好 □ 表现一般 □ 表现较差
	平常心	□ 表现优秀 □ 表现良好 □ 表现一般 □ 表现较差

表7-1（续）

类型	主要表现	评价结果
积极心态	热情	□ 表现优秀 □ 表现良好 □ 表现一般 □ 表现较差
	进取心	□ 表现优秀 □ 表现良好 □ 表现一般 □ 表现较差
	责任感	□ 表现优秀 □ 表现良好 □ 表现一般 □ 表现较差
	追求完美	□ 表现优秀 □ 表现良好 □ 表现一般 □ 表现较差
乐观心态	豁达	□ 表现优秀 □ 表现良好 □ 表现一般 □ 表现较差
	感恩	□ 表现优秀 □ 表现良好 □ 表现一般 □ 表现较差
	知足	□ 表现优秀 □ 表现良好 □ 表现一般 □ 表现较差

如何做好健康管理

我们每个人都需要经营自己，经营自己的身体、自己的心情和自己的生活。在日常生活中，中职生要始终关注自己的身心健康，做好健康管理。身体健康是一切行动的基础，好的健康管理者在面对自己的健康时不会等出现问题才去解决，而是预防问题的出现，将问题消灭在萌芽阶段。

小刚上高三后，在老师的激励下，在同学们努力学习的具体行动感召下，突然就像变了一个人，开始刻苦学习，即使周日也要学习到凌晨。

可是小刚的父母明显感觉到小刚的状态越来越不好，面无血色，感冒不断，而且成绩也没有明显起色。面对这样的状况，小刚的父母不知道怎样劝诫自己的孩子，而小刚则认为成绩不好是因为自己不够努力，于是决定再挤压一下业余时间。

问题 小刚的学习方式合理吗？你认为学习和健康是冲突的吗？

拆锦囊 毛泽东说："身体是革命的本钱。"干好工作的前提是有良好的体魄。学习也是一样，只有在学习过程中学会适当休息，才能有充沛的体力、更积极向上的心态，也才能更好地应对学习任务、迎接挑战。

第一节 健康管理

世界卫生组织指出，一个人只有在身体健康、心理健康、社会适应良好和道德健康四个方面都健全，才算是完全健康的人。心理健康和社会适应良好被纳入健康的范围，由此可见心理健康对于一个人的健康有多么重要。随着中职学校的不断扩招和社会就业压力的增大，再加上近年来对心理健康知识的宣传和普及，中职学校对中职生的心理素质和心理健康越来越重视。

一、身体健康的标准

现实生活中越来越多的人开始注重身体健康及高质量的生活。好的身体是其他活动的基础，中职生只有拥有好的身体，才能安心学习，才能实现梦想，才能为社会做出相应的贡献，才能更好地享受生活。

以下是世界卫生组织确定的身体健康的十项标准。

（1）有充沛的精力，能从容不迫地担负日常生活和繁重的工作，而且不感到紧张疲劳。

（2）处事乐观，态度积极，乐于承担责任。

（3）善于休息，睡眠质量好。

（4）应变能力强，能适应外界环境的各种变化。

> **话题延伸**
>
> 目前，中职生的身心健康问题呈现出多样化和严重化趋势，因此对中职生进行身心健康教育愈加紧迫。

（5）能够抵抗一般性感冒和传染病。

（6）体重适当，身材匀称，站立时头、肩、臂位置协调。

（7）眼睛明亮，反应敏捷，无眼疾。

（8）牙齿清洁、无龋齿、不疼痛，牙龈颜色正常、无出血现象。

（9）头发光泽，无头屑。

（10）肌肉丰满，皮肤有弹性。

知识之窗

实施全面健康管理　构建全面健康保障

为落实《健康中国行动（2019—2030年）》，助力健康中国战略，由人民网·人民健康和中国健康管理协会主办，爱康集团战略合作，药联健康、妙健康协办的2019中国健康管理与健康保障高峰论坛于2019年10月16日在北京召开。该论坛旨在推进健康中国战略实施，引导职业人群建立正确的健康观。

国家卫生和计划生育委员会前副主任金小桃建议，以国家健康医疗大数据应用试点为契机，建立医学专科数据库及个人专属数据库，同时促进健康事业产业融合发展，这对于健康管理、健康保障，以及每个中国人的健康都是非常重要的。

国家卫生健康委员会职业健康司司长吴宗之认为，与工业化国家相比，我国在职业人群健康促进方面还存在较大差距。实施健康保护行动，推动落实政府领导、部门监管和企业主体责任，有效预防和控制职业病危害，对于维护广大劳动者职业健康权益、促进经济社会可持续发展具有重要意义。国家卫生健康委员会职业健康司将会同有关部门积极推动各项措施的落实，坚持联防联控，将职业健康保护融入各项政策，努力形成立足当前、着眼长远、重在治本、标本兼治的职业健康政策保障体系。坚持远近结合，既要着力防范当前尘肺病等重点职业病，又要加强重点职业人群健康保护政策标准研究，实现职业人群健康保护全覆盖。坚持合力推进，积极发挥政府、企业、个人及社会方面的作用，凝聚各方力量，共同推进职业健康保护工作。

资料来源:《中国健康管理与健康保障高峰论坛在京召开》，人民网，2019年10月17日。（收入本书时略有改动）

二、心理健康的标准

近年来，心理健康问题引发的极端事件在学校里时有发生，中职生的心理健康问题越来越受到来自学校、家庭和社会等方面的重视。中职生作为一个正在接受职业教育的青年群体，承载着民族和国家的未来，他们的心理健康有特别的意义。根据我国中职生的实际情况，中职生的心理健康水平一般按以下几个标准判定。

（一）智力正常，符合年龄特征

智力是观察力、注意力、记忆力、想象力、思维力、创造力及实践活动能力等的综合，包括在经验中学习或理解的能力、获得和保持知识的能力、迅速而成功地对新情境做出反应的能力、运用推理有效地解决问题的能力等。我国中职生一般为 14 ~ 17 岁，处于青春期或青年初期，智力发展正处于黄金时期。中职生是处于特定年龄阶段的特殊群体，应具有与年龄、角色相适应的心理行为特征。

（二）心态积极，情绪健康

保持积极的心态就是要求中职生时刻以乐观的心态面对每天的生活和学习。每个人都有丰富的情感世界，对客观事物的情绪、情感体验是不稳定的，关键是如何对情绪、情感加以控制与调节，在有益健康的范围内适度地表达和控制自己的情绪，喜不狂、忧不绝，胜不骄、败不馁，谦而不卑、自尊自重。

（三）意志健全

意志是人在完成一种有目的的活动时进行选择、决定和执行的心理过程。意志健全者在行动的自觉性、果断性、顽强性和自制力等方面都表现出较高的水平。意志健全的中职生其行为的目的性、自觉性有了较明显的提高，能较理性地思考和行动，能调节自己的情绪，表现得自信、果断；在困难和挫折面前，能采取合理的反应方式，能在行动中控制情绪和言而有信，而不是行动盲目、畏惧困难、顽固执拗。

（四）人格完整统一

人格是指个体比较稳定的心理特征的总和。人格完整包括人格结构的各要素完整统一；具有正确的自我意识，不产生自我同一性混乱，能以积极进取的人生观作为人格的核心，并以此为中心把自己的需要、目标和行动统一起来。

> **话题延伸**
>
> 心理健康的中职生其人格的各方面（包括气质、性格、能力和理想等）能平衡发展，所思、所做、所说能协调一致，具有积极进取的人生观，能够与社会步调合拍，也能和集体融为一体。

（五）接受自己，悦纳自己

正确的自我评价是中职生心理健康的

重要条件。心理健康的中职生在进行自我观察、自我认定、自我判断时，对自己的能力、性格、优缺点等都能做出恰当、客观的评价，能摆正自己的位置，体验到自己存在的价值；面对挫折与困境能够自我悦纳，喜欢自己，接受自己，自尊、自强、自制、自爱适度，正视现实，积极进取。

（六）适应社会，感知敏锐，认知完整

生活环境总是不断发展变化的，因此个体应与客观现实环境保持良好的秩序，既要对现实有敏锐而正确的直觉，能做出合理的判断，以有效的办法应对环境中的各种困难，不退缩；又能根据环境的特点和自我意识的情况努力进行协调，或者改变环境适应个体需要，或者改造自我以适应环境。

心理健康标准的特点

大部分中职生对于心理健康标准的认识存在误区，认为心理健康就是没有心理困扰，有心理困扰就不算心理健康。事实上，每个人在生活中都会遇到心理困扰，如果可以有效地化解困扰就是心理健康的表现。因此，对于心理健康的标准，中职生应正确解读。

（1）具有相对性。事实上，心理健康与心理不健康并无明显界限，而是一个连续化的过程。如果把心理健康比作白色，把心理不健康比作黑色，那么在白色与黑色之间就存在一个巨大的缓冲区域——灰色区，大多数人散落在这一个区域内。

（2）具有发展性。不健康的心理往往是人在成长、发展的过程中不可避免的发展性问题。随着年龄和阅历的增加，个体应不断地进行调整，使自身的心理趋于健康。

（3）具有整体协调性。从心理过程来看，健康的心理活动是一个完整且统一的协调体，这种整体协调保证了个体在反映客观世界的过程中高度的准确性和有效性。

事实证明，认识是健康心理结构的起点，意志行为是人格面貌的归宿，情

感是认识与意志之间的中介因素。当这三者协调运作时，个体就会呈现出健康的心理，否则可能产生一系列的心理困扰或问题。从个性角度来看，每个人都有自己长期形成的、稳定的个性心理，一个人的个性在没有明显的、剧烈的外部因素影响下是不会轻易发生变化的。从个体与群体的关系来看，按照人的现实性可以将人划分为不同的群体，不同群体间的心理健康标准是有差异的。

中职生心理健康的基本标准是能够进行有效的学习和生活。心理健康的标准是一种理想的尺度，它一方面为人们提供了衡量心理是否健康的标准，另一方面为人们指出了提高心理健康水平的努力方向。每个人都可以在自己现有的基础上做不同程度的努力，追求自身心理发展的更高层次，从而不断地发挥自身的潜能。

三、常见心理问题的调适

巨变的身心特征、巨大的学业压力及当前的社会环境等使当下的中职生存在大量的心理问题。

（一）常见的心理问题

相关调查发现，中职生常见的心理问题主要表现在以下几个方面。

1. 学习方面

学习方面最常见的心理问题是厌学、注意力不集中和考试焦虑。例如，有些中职生认为学习是一件令人厌烦的事情；有些中职生上课时经常走神，注意力无法集中；还有不少中职生因考试压力过大而过度紧张，导致发挥失常。

2. 人际关系方面

人际关系方面的心理问题主要体现在亲子关系、师生关系和友伴关系三个方面。例如，一些家长对孩子期望过高，要求过严，教育方法不当，影响了父母与子女之间的正常关系。又如，部分教师缺乏

话题延伸

部分中职生不善于与同学交往，主要原因是在交友观念和沟通能力上存在问题，少数人是因为在人格特征方面存在某种缺陷。

平等意识，教育方法有失妥当，导致学生对他们感到畏惧，久而久之，师生关系自然疏离。

3. 情绪方面

情绪方面的心理问题主要有情绪不够稳定、消极体验过多、自制能力较差和自信心不足。

4. 择业方面

面对择业，中职生的心理是复杂多变的。中职生年龄普遍偏小，生理和心理发育明显不同步，心理承受能力较差，且涉世不深，看问题比较局限，再加上认知的结构不完整，无工作经验，在求职择业过程中期望值过高，一旦愿望得不到实现，便产生心理障碍。

（二）常见心理问题的调适方法

问题是客观存在的，若得不到及时、合理的解决，将会严重影响中职生的学习和生活。因此，在面对各种心理问题时，要具体问题具体分析，找到合适的心理调适方法。

1. 学习方面心理问题的调适

在影响心理健康的诸多因素中，学习状况直接影响中职生对自己的看法，影响他们的生活方式与质量。因此，中职生在学习方面存在心理问题时要做好以下几个方面的工作。

（1）提高自己对学习目的和意义的认识，克服厌学情绪。

（2）端正学习态度，掌握科学的学习方法，改掉自己的坏习惯。

（3）客观地评价自己，正确地看待学习中的成功与失败。

2. 人际关系方面心理问题的调适

在日常生活中，中职生要建立良好的人际关系，遵守交际的基本原则，掌握成功交往的技巧与艺术。

（1）尊重他人，不仅要尊重他人的人格，还要尊重他人的个人身份和社会地位。

（2）要想拥有好的人际关系，就要胸怀宽广，做到将心比心，主动站在他人的角度思考问题，与人为善。

（3）与人交往时要积极主动，如经常与老师和同学保持联系，遇到熟人要主

动打招呼，与他人多沟通、多交流，增进彼此之间的了解，等等。

3. 不良情绪的调适

一般情况下，人的情绪是由人对事件的主观想法决定的，而不是由事件本身决定的。而人的主观想法不是固定不变的，有时候人的想法改变了，情绪就会发生变化。因此，情绪是可以通过自我改变而发生变化的。

（1）学会管理情绪。管理情绪就是善于掌握自我，善于调节情绪，对生活中的矛盾或事件引起的情绪反应能适时排解，能以乐观的态度及时缓解紧张的心理状态。无论是正向情绪还是负向情绪，都是自己的感受，无所谓对或错，中职生要明白情绪是自己的感受，不做情绪的奴隶，要学会使用合理、有效的方式宣泄情绪、管理好情绪。

话题延伸

当今社会倡导积极的生活方式，即一种智慧、道德、健康的生活方式。中职生要积极培养健康的生活方式，明确自己的生活目标，让自己的每一天都不虚度。

（2）培养健康的生活方式。生活方式一般指人们的消费方式、精神生活方式及闲暇生活方式等。它通常反映个人的兴趣、爱好和价值取向，具有鲜明的时代性和民族性。在中职生群体中，部分学生会出现负向的生活方式，如整天处于无目标、无动力、无成就的状态，行为方式呈现为无序、无度、无效，在这样的状态下往往容易产生各种心理问题。

（3）争取社会支持。在产生不良的情绪时，中职生要学会积极寻求帮助，如向朋友倾诉、求助心理咨询师等。

4. 择业方面心理问题的调适

中职生在求职择业过程中遇到困难时，可以运用自我静思法、适度宣泄法、自我慰藉法等进行心理调适，但最主要的还是要树立远大的理想，树立正确的人生观、价值观，平时注意培养良好的品质，磨炼坚强的意志，多渠道接触社会，多方

话题延伸

中职毕业生在求职择业过程中不可避免地会遇到困难、挫折和冲突。中职生应根据自身情况对自己的心理进行调适，从而最大限度地发挥个人的潜力，维持心理平衡，消除心理障碍。

面体验生活，培养乐观、豁达的生活态度。只有这样做，中职生才能在择业时始终保持积极向上的精神状态和健康的心理，不会因一时困难而退缩。

第二节 情绪管理

一、情绪的表现

情绪是一个人因内心的需要是否得到满足而表现出来的对外界事物的态度，是一个人心理活动的外部表现。情绪反映人的内心活动，因此可以通过观察情绪的表现去分析人的内心世界。

情绪的表现是指人的身体和精神上的变化，具体包括生理唤醒、主观感受、认知过程和行为反应。

> **话题延伸**
>
> 中职生正确认识自己的情绪非常重要，良好的情绪是中职生迈向成功的重要推动力量。

（1）生理唤醒。情绪反应伴随人的大脑、神经系统和荷尔蒙的生理作用，一个人的情绪在被唤醒的同时，其身体也被唤醒。强烈或持续的情绪反应会耗费个体的精力，从而削弱其对疾病的抵抗力。

（2）主观感受。情绪反映一个人的主观感受，即愉快或不愉快、喜欢或不喜欢等体验。因此，对一个人情绪的研究在很大程度上要依靠其主观感受。

（3）认知过程。一个人的情绪涉及他的记忆、知觉、期望和解释等认知过程。个体对某个事件的认识会极大地影响他对这个事件的看法和态度。

（4）行为反应。情绪还表现为许多行为反应，包括表达型反应和工具型反应。表达型反应是指一个人通过面部表情、手势姿势和声调语气等方式来帮助其表达自己的感受。工具型反应是指可以提高个体对环境适应性的反应，如因忧虑而哭泣或因害怕危险而逃跑等。

一般情况下，人们的情绪反应是以上四个方面的综合。例如，人们在遇到好朋友时，生理唤醒可能是平稳的心跳，主观感受是积极而愉快的，认知过程包括

与朋友相关的记忆、知觉、期望及对所处环境积极的解释，行为反应可能是微笑的表情。

二、情绪的特点

（一）复杂性

鉴于情绪是一个复杂的模式，有时候人们会难以说清楚自己的感受，尤其是男性。哈佛大学的研究者借助磁共振影像技术研究发现，对于青春期的女性来说，她的消极情绪会从杏仁体的原始部位进入脑皮质，激活她的语言中枢，这便于她报告自己的情绪；而青春期男性的消极情绪仍留在杏仁体，如果问他有什么感受，他会说“不知道”。

（二）周期性

有的人可能前一刻还很郁闷，后一刻就被逗得乐开了怀，这确实反映了情绪的不断变动性。有的学生说“我看某某同学天天都很乐呵，我就愿意像他那样无忧无虑”，这个愿望是好的，但不切实际。情绪会围绕正常水平在高峰和低谷间波动，但只要在适度的波幅内波动就没有问题。有一个比较简单的评断方法，即如果某个人的情绪始终在高峰，他很可能患上了躁狂症；如果某个人的情绪始终在低谷，他很可能患上了抑郁症；如果某个人的情绪在高峰和低谷间大幅度振荡，他可能患上了双向情感障碍（躁郁症）。

（三）普遍性

达尔文认为，人类的情绪是天生的，而且像骨骼系统一样是系统的、有规律的。个体借助调节面部表情和躯体运动的肌肉系统向他人表达自己的情绪，这种表达往往是无意识的，是一种本能而非后天习得的行为。情绪的交流是由基因决定的，人们在婴儿时就能识别成人的脸，还能通过解读他们脸上的表情感知他们的态度。而且在不同的种族之间，情绪表现出了惊人的一致性。从衣食住行到婚礼庆典，不同的文化在很多细节上存在大大小小的地域差异，但人类天生具有一套相同的、最基本的心理结构。

三、情绪管理的原则

情绪管理可以说是一首五部曲，即认知情绪、标定情绪、接纳情绪、改变不良情绪和创造积极情绪。这也可以说是回答以下问题：现在有什么情绪？为什么会有这种情绪？如何有效地处理情绪？认识情绪并知道情绪有怎样的影响及表现，便于人们判断自己或他人的情绪状态。

美国著名心理咨询师辛德勒博士认为，情绪的稳定与成熟就像一枚硬币的两面，成熟意味着在逆境中依然情绪稳定，是一种保持沉着、勇敢、谦让、果断、快乐的能力；而不成熟的人在同样的环境中会表现出忧虑、恐惧、焦躁、挫败等负面情绪。因此，情绪管理的目的是让自己成长、成熟起来，面对现实，承担责任。从总体来说，情绪管理应遵循“四不”原则，即不责备、不逃避、不遗忘和不委曲求全。

话题延伸

情绪无所谓好或坏，人们要允许自己有不好的感觉，这就是接纳。接纳是改变情绪的第一步，改掉不想要的，引入想要的，这样就拥有了良好的情绪状态。

（一）不责备

不责备包括不自责和不责备他人。陷入自责而耽搁行动是不明智的，责备他人只会引起新的矛盾。人们要做的首先是澄清事实，其次是表达自己的感受，最后是说出自己能做的事及期望对方做的部分。

（二）不逃避

有些女生在自己不开心的时候就大吃，在大吃之后又会为体重问题而纠结；有些男生可能会喝醉，而醉酒后严重的不适感也会让他们的身体几天都缓不过来。还有一些网络成瘾的学生因为在现实世界中有很多的遗憾和痛苦，转而到虚幻世界中寻找满足。中职生不应采用逃避或麻痹自己的方式去当一只把头埋进沙子里的鸵鸟，而应承认痛苦或错误的存在，并且勇敢面对。

（三）不遗忘

有人说：“睡吧，睡吧，睡一觉第二天一切就都好了。”不要相信这样的话，它只是用来安慰人的。人们总以为把问题搁置一边，当它不存在、遗忘它即可。其实这是不正确的，遇到的问题只是从意识层面沉入当事者的潜意识，它就像一颗不定时炸弹，随时会在当事者将来的生活中制造更大的麻烦。

（四）不委曲求全

有的学生在人际交往中总是习惯做老好人，不会说“不”，自己原本不想做的却去做了，自己原本想做的是那件事结果做的却是这件事。这些学生总在违逆自己的意愿、忽略自我的渴求，这实际上是将攻击转向自己，带来的结果只能是抑郁。

四、情绪的调适方法

从操作层面看，不良情绪的自我调节方法很多，人们经常使用的有以下几种。

（一）理性情绪疗法

理性情绪疗法是美国心理学家阿尔伯特·艾利斯于 20 世纪 50 年代创立的，其核心是去掉非理性的、不合理的信念，建立正确的信念。非理性信念有绝对化、过分概括化、糟糕透顶的特点。艾利斯认为，非理性信念主要包括以下 10 条。

（1）每个人都应得到在自己生活环境中对自己重要的人的喜爱与赞许。

（2）每个人都必须能力十足、在各方面有成就，这样的人才是有价值的。

（3）有些人是坏的、卑劣的、恶性的，他们应为自己的恶行受到严厉的责备与惩罚。

（4）假如发生的事情是自己不喜欢或不期待的，那么它是糟糕的、可怕的，事情应该按自己喜欢与期待的方向发展。

（5）人的不快乐是外在因素引起的，一个人很少有或根本没有能力控制自己的忧伤和烦闷。

（6）一个人对于危险或可怕的事物应该非常警惕，而且应该随时考虑它可能发生。

（7）逃避困难、挑战与责任要比面对它们容易。

（8）一个人应该依靠他人，需要有一个比自己强的人做依靠。

（9）一个人过去的历史对他目前的行为是极重要的决定因素，因为某事影响过一个人，它会继续甚至永远具有同样的影响效果。

（10）一个人遇到问题时应该有一个正确、妥当及完善的解决途径，如果无法找到解决方法，那将是糟糕的事。

艾利斯认为，情绪并不是某一诱发事件本身直接引起的，而是由经历这一事件的个体对这一事件的解释和评价引起的。这一理论也称为情绪困扰的ABC理论，A（activating event）是指诱发事件；B（belief）是指个体在遇到诱发事件之后产生的相应信念，即他对这一事件的想法、解释和评价；C（consequence）是指在特定的情境下个体的情绪及行为的结果。

例如，一名学生因考试成绩平平（A）而焦虑甚至抑郁（C），这是因为他有"学生应当在各方面都是优秀的、出类拔萃的，否则情况就非常糟糕"（B）的信念。人的思想、情感和行动三者都是同时发生的，即人在思考时也在感受和行动；同样，人在感受时也在思考与行动。

（二）积极自我暗示

心理暗示从心理学角度讲就是个人通过语言、形象、想象等方式对自身施加影响的心理过程。这个概念最初由法国医师库埃于1920年提出。他的名言是："我每天在各方面都变得越来越好。"自我暗示分为积极自我暗示和消极自我暗示。其中，积极自我暗示在不知不觉中对自己的意志、心理以至生理状态产生影响，令人们保持好心情、乐观的情绪和自信心，从而调动人的内在因素，发挥主观能动性。心理学中的"皮格马利翁效应"（期望效应）讲的就是积极自我暗示。而消极自我暗示会强化人们个性中的弱点，唤醒人们潜藏在心灵深处的自卑、怯懦、嫉妒等，从而影响情绪。

话题延伸

言语活动既能唤起人们愉快的体验，也能唤起人们不愉快的体验；既能引起某种情绪反应，也能抑制某种情绪反应。因此，中职生在生活中遇到情绪问题时应当充分利用语言的作用，用内部语言或书面语言对自身进行暗示，缓解不良情绪，保持心理平衡。

中职生可以利用语言的指导及暗示作用来调适和放松心理的紧张状态，使不良情绪得到缓解。心理学实验表明，个人在静坐时，如果默默地说"勃然大怒""暴跳如雷""气死我了"等语句，心跳会加剧，呼吸会加快，仿佛真的要发怒了；如果默念"喜笑颜开""兴高采烈""把人乐坏了"等语句，那么心里就会产生一种乐滋滋的体验。

（三）转移注意力

转移注意力是指把注意力从引起不良情绪反应的刺激情境转移到其他事物上或从事的其他活动中。当出现情绪不佳的情况时，个人要把注意力转移到使自己感兴趣的事情上，如外出散步、看电影或电视、读书、打球、下棋、找朋友聊天、换个环境等，这样有助于使情绪平静下来，在活动中寻找到新的快乐。

话题延伸

转移注意力，一方面会中止不良刺激源的作用，防止不良情绪的泛化、蔓延；另一方面，个体通过参与新的活动，特别是自己感兴趣的活动，能达到增进积极情绪体验的目的。

（四）适度宣泄

过分压抑只会使情绪困扰加重，而适度宣泄可以把不良情绪释放出来，从而使紧张情绪得以缓解、放松。因此，人们在遇到不良情绪时，采取的最简单的处理办法就是宣泄。宣泄一般是在私人空间、亲朋好友中进行的。宣泄的形式有：用过激的言辞抨击、谩骂、抱怨令自己恼怒的对象；尽情地向至亲好友倾诉自己认为的不平和委屈，一旦发泄完毕，心情就随之平静下来；通过体育运动、劳动等方式来尽情发泄；到空旷的山林原野，拟定一个假目标大声叫骂，以发泄胸中的怨气。

话题延伸

在采取宣泄法调节自己的不良情绪时，必须增强自制力，不能随便发泄不满或者不愉快的情绪，要采取正确的方式、选择适当的场合和对象，以免引起意想不到的不良后果。

（五）自我安慰法

一个人在遇有不幸或挫折时，为了避免产生精神上的痛苦或不安，可以找出一种合乎内心需要的理由来说明或辩解。如为失败找一个冠冕堂皇的理由用于安慰自己，或者寻找理由强调自己所有的东西都是好的，以此冲淡内心的不安与痛苦。这种方法对于帮助人们在大的挫折面前接受现实、保护自己、避免精神崩溃是很有益处的。例如，对失恋者来说，想到“失恋总比结婚后离婚要好得多”便可减轻失恋带来的痛苦。

（六）交往调节法

某些不良情绪常常是人际关系矛盾和人际交往障碍引起的。在情绪不稳定的时候找人倾诉具有缓和、抚慰、稳定情绪的作用，因此人们在遇到不顺心、不如意的事而有了烦恼时，主动地找亲朋好友倾诉会比一个人独处冥想、自怨自艾好得多。另外，人际交往还有助于交流思想、沟通情感，增强自己战胜不良情绪的信心和勇气，能更理智地去面对不良情绪。

（七）情绪升华法

升华是改变不为社会所接受的动机、欲望而使之符合社会规范和时代要求，是对消极情绪的一种高水平的宣泄，是将消极情绪引导到对人、对己、对社会都有利的方向上。例如，某中职生因失恋而痛苦万分，但他没有因此而消沉，而是把注意力转移到学习上，立志做生活的强者，证明自己的能力。

（八）生理放松法

在应激情境中，人们可以通过缓慢的呼吸或简单的放松技巧将心跳与呼吸调整到正常水平。在日常生活中，人们可加强生理储备，如健康的饮食，定期、足量的锻炼，充足的休息与适当的闲暇等，为情绪调适奠定基础。

话题延伸

人们遇到情绪问题时经常用“胜败乃兵家常事”“塞翁失马，焉知非福”“坏事变好事”等词语进行自我安慰，以摆脱烦恼，缓解矛盾冲突，消除焦虑、抑郁和失望。这样做不仅能达到自我激励、总结经验、吸取教训的目的，还有助于保持情绪的稳定。

情绪管理“心”处方

在复杂环境和巨大压力下，人的情绪会发生变化。个体能对自身情绪有正确的认识，采用合理的方法进行疏导，具备管理自己情绪的能力，可以减少负面情绪造成的矛盾和冲突，降低身心疾患的发生率。

1. 照镜子法

照镜子法是自我情绪管理中较为有用的一个方法。认真看镜子中自己的面

容，观察自己的额头、眉毛、眼睛、面颊和嘴巴，看一看急躁的你是否发生了变化。在观察的过程中，你会发现好像已经忘记了刚刚发生的、让你着急的事情。

2. 音乐欣赏法

听音乐可以让自己获得放松的体验，从而能够调节情绪。可以将音乐分成舒缓轻柔的、轻松欢快的和慷慨激昂的三类，并根据心情播放这三类音乐。例如，你在紧张、焦虑时可以选择一些舒缓轻柔的音乐，让自己迅速安静下来；你在情绪低落时可以选择轻松欢快的音乐；你在悲观消极的时候可以试着听一听慷慨激昂的音乐。相信每个音符都会给你的身心注入力量。

3. 步骤反问法

如果你非常苦恼、想要发脾气，那么通过以下四个反问能加强自我反思，减少冲动行为出现的可能性。

第一问："值得吗？"在控制不住情绪时要问自己："影响情绪值得吗？""生气能解决这些问题吗？""生气对我有好处吗？"如果答案是否定的，就要学会自我控制情绪。

第二问："为什么？"自我提问："我出现这些情绪到底是什么原因？""我是在生他人的气还是在跟自己过不去？"通过提问促进自我反思。

第三问："合理吗？"对生气的原因进行理性思考后，我们就会发现出现情绪都是正常的，但持续的不良情绪对自我心理及身体不利，所以这时应及时进行自我修正。

第四问："该怎样？"自我提问："我们应该怎样自我修正呢？"而后进入情绪调适的步骤，采用自己认为简洁、有效的方式进行自我调适。

4. 求助法

如果你的坏情绪非常糟糕，用了各种方法都不能缓解，而且持续的时间很长，这时就需要向他人求助，建议咨询专业的心理医生。

资料来源：汤泉：《情绪管理"心"处方》，《解放军报》，2020 年 4 月 12 日第 7 版。（收入本书时略有改动）

第三节 挫折管理

中职生处于青年期，在成长过程中难免会遇到各种各样的心理挫折。对于中职生来说，挫折是一把双刃剑，其消极性和积极性同时存在。面对挫折，中职生可能会产生焦虑不安、愤怒、恐惧的情绪体验，也可能会产生攻击、幻想、偏执等行为反应，这些都是挫折的消极性表现。

话题延伸

在丰富多彩的校园生活中，适度的挫折能够提高个体的心理承受能力，使个体经受住磨炼和考验。因此，遇到挫折并不可怕，中职生只要妥善应对，就一定能拥有美好的中职生活。

一、挫折的构成因素

挫折由挫折情境、挫折认知和挫折反应三个因素构成。

（一）挫折情境

挫折情境是使人们的动机不能被实现、需要不能被满足的影响因素，这种影响因素可能是人或物，也可能是自然事件和社会环境。其中，自然事件包括人们无法预料和克服、消灭的一些自然灾害、意外事故、伤残疾病等因素，如在临近高考时，因家庭变故或自身身体状况而产生极大的心理创伤，导致高考发挥失常，名落孙山。社会环境包括社会上的政治、经济、军事、宗教、风俗习惯、道德观念等因素，如受当前经济形势影响，中职生寻找工作时屡屡碰壁。

（二）挫折认知

挫折认知是指人们对挫折情境的知觉、认识和评价。挫折认知既可以是对实际遭遇的挫折情境的认知，也可以是对想象中可能出现的挫折情境的认知。

（三）挫折反应

挫折反应是指人们受到挫折情境影响后，在对挫折认识和评价的基础上所产生的紧张、焦虑、愤怒等负面情绪体验或攻击、退缩、逃避等行为反应，即挫折感。

一般来说，挫折情境越严重，挫折反应越强烈；反之，挫折反应越轻微。但是，只有当挫折情境被个体感知时，个体才会在心理上产生挫折反应。如果出现了挫折情境，而个体没有意识到，或者虽然意识到了但不认为其很严重，那么个体不会产生挫折反应，或者只产生轻微的挫折反应。因此，挫折反应的性质、程度主要取决于个体对挫折情境的认知。

话题延伸

挫折反应和感受是形成挫折的重要方面，个体受挫与否是由当事人根据自己的认识、评价和感受来判断的。对某人构成个体挫折的情境和事件对他人不一定构成挫折，这就是个体感受的差异。

二、产生挫折的一般原因

（一）外部事件

外部事件作为引发挫折的诱因，又称外因，是指导致人们动机或目标不能实现的各种外部因素。

（二）动机冲突

挫折的产生与人们的需要、动机强度密切相关。在日常生活中，人们经常会同时产生两个或两个以上的动机，如果这些动机无法同时得到满足或相互对立，就会产生强烈的动机冲突。动机冲突可以分为双趋冲突、双避冲突、趋避冲突和多重趋避冲突四种形式。

1. 双趋冲突

双趋冲突是指人们在面临两种同样强烈的愿望而只能选择其中一种时所产生的动机冲突，即人们常说的“鱼与熊掌不可得兼”。例如，求职者在求职时接到两家具有同等吸引力的招聘单位的邀请，选择一家就意味着放弃另一家，从而陷入犹豫不决的心理冲突中。

2. 双避冲突

双避冲突是指当两个目标同时对一个人具有威胁，而他迫于情势必须选择一个而避免另一个的威胁时所产生的心理冲突。“前有饿狼，后有追兵”“两害相权取其轻”就是此类型的真实写照。

3. 趋避冲突

趋避冲突是指人们既想达到某个目标又不想付出代价而产生的心理冲突。例如，一个人既想谈恋爱又怕受到伤害，既喜欢吃零食又担心发胖等，即一方面好而趋之，另一方面恶而避之，这就是趋避冲突。

话题延伸

个体所感受到的现实的挫折是在他为满足一定的需要、实现预期目标而采取一定的手段的实际行动中产生的。没有满足需要和达到目标的手段与行动，即使目标再高远、动机再强烈，也不会产生挫折感或只能产生想象中的挫折感。

4. 多重趋避冲突

多重趋避冲突又称双趋避冲突，是指人们同时有两个或两个以上的目标，但每个目标各有优劣，分别具有吸引和排斥两个方面的作用时，使人产生的左顾右盼、难以抉择的心态。例如，有些人为了有较高的经济收入和良好的住房条件，尽管对工作和生活环境不适应，但还是想换一个新的单位工作；同时，考虑到留在原单位工作，尽管收入、住房条件差些，但有熟悉了的工作和生活环境，以及适应了的人际关系，在各种利弊得失因素的影响下就会产生多重趋避冲突。

（三）个人特点

一个人的生理特征、心理特征、人格特点、社会经验及应对压力的能力是他是否容易产生挫折感的重要因素。一般来说，对挫折的承受力是个体在适应后天环境的过程中习得的，这在一定程度上反映了挫折的个体差异。社会阅历不同的人，其挫折承受力不同。经历挫折多、体验深刻、应对技能丰富的人，更容易在逆境中战胜困难、走出低谷；而社会阅历不足、适应能力差的人，其挫折承受能力较弱，容易意志消沉。

1. 自我期望值

对任何事物的自我期望与现实都可能有一定的差距，如果不从实际出发，只考虑主观愿望，从而造成理想与现实的差距，就会产生挫折感，包括绝对化要求（只能成功，不能失败）、过分概括化（以偏概全）、糟糕至极（遇到挫折，夸大后果）。

2. 抱负水平

抱负水平是指一个人对自己所要达到的目标规定的标准。抱负水平高的人比抱负水平低的人易产生挫折感。

3. 容忍力

容忍力是人们遇到挫折时适应能力的差别。容忍力不同，人们对挫折感受的程度也不同。有的人即使经历严重挫折，也毫不灰心丧气；有的人遇到轻微的挫折就会意志消沉；有的人能够忍受他人的侮辱，但面对挫折环境时会焦虑不安。

话题延伸

心理学研究表明，人对挫折的容忍力受人的生理条件、健康状况、个性特征、由过去的挫折积累的社会经验、对挫折的主观判断、对挫折的思想准备等因素的影响。

挫折与成才

人生的道路上没有平坦的、笔直的路可走，而只有那些在布满荆棘的、弯弯曲曲的羊肠小路上不畏艰难困苦、一次次跌倒又一次次顽强站起来并善于总结经验、勇于进取的人，才能创造人生的辉煌。那些经不起挫折考验的人必然会被淘汰。

“没有挫折就没有成长”。中职生在成长过程中必定会遇到各种危机与挫折，这种危机与挫折在给中职生带来巨大的心理压力与情绪困扰的同时，也给中职生带来了成长的契机。正确的人生心态需要在生活实践中培养与获得，一个人如果没有经过生活的磨炼，就很难对生命的顽强与伟大有真正的认识。

1. 挫折能够增长中职生的聪明才智

失败是成功之母，错误是正确之母。俄国化学家门捷列夫说过，一个人要发现卓有成效的真理，需要千百个人在失败的探索和悲惨的错误中毁掉自己的生命。大科学家爱迪生说：“失败也是我所需要的，它和成功一样对我有价值。只有在我知道一切做不好的方法以后，我才知道做好一件工作的方法是什么。”在遭遇挫折之后，人们要反省自己，认真总结经验教训，探究导致失败的原因，寻找摆脱困境的方法。挫折的经历对中职生是十分可贵的。挫折可以使中职生“吃一堑，长一智”，使中职生学会反省、思考、总结、探索和创造，使中职生不断提高认识、增长才智。

2. 挫折能激发中职生的进取精神

牛顿说过，如果你问一个善于溜冰的人如何学得成功，他会告诉你跌倒了爬起来便会成功。对于一个有志向的中职生来说，挫折的出现能唤起他的斗志，激发他的进取心。在复杂的现实生活中，成功与失败并不是绝对的，两者之间往往仅一步之遥，此时的失败可能连着彼时的成功。如果拒绝了失败，实际上就拒绝了成功。因此，避免失败的最好方法就是下决心获得成功。挫折是使人迈向成功的催化剂。每次挫折的洗礼都会激发中职生去学习并体会为人处世之道，掌握经纬世事之术，不断深化和提高对自我的认识，特别是对自我的错误与缺点的认识，从而在思想和行为上走向成熟。

3. 挫折能增强中职生的耐受力

人们对挫折的耐受力强弱与其过去生活中的挫折经验相关。当代中职生大多数是独生子女，从小备受父母呵护，成长的道路往往一帆风顺，对挫折的耐受力较弱。只有“忍人所不能忍，为人所不能为”，才能获得成功。而且，挫折会对中职生的自傲心态给予无情的打击，使他们不得不对自己的过去进行检讨，从而去掉或减少傲气，变得谦逊一些，为人处世更谨慎一些，不再自以为是，而是虚心向他人学习，善于汲取他人的长处。

4. 挫折能磨砺中职生的意志

从未经受过挫折和打击的人往往在情感上是很脆弱的，一次微不足道的挫折也可能会置其于死地。但挫折在给人打击的同时又给人一定的压力，它能磨炼人的意志和毅力，造就人才。“自古英雄多磨难，从来纨绔少伟男。”历史上一帆风顺而又有大成就的人是少见的，真正出类拔萃的人大多数是那些历尽艰辛、在挫折中磨炼出坚强的意志、在逆境中不懈奋斗的人。越王勾践卧薪尝胆三年，终报亡国之仇；罗斯福身有残疾，却凭借渊博的知识、睿智的头脑、自强不息的精神获得人民的拥护，连任四届美国总统；爱迪生在67岁那年，实验室遭遇火灾，多年的研究成果付之一炬，但他未伤心消沉，第二天又同往常一样重新开始埋头于他的研究工作。

三、积极应对挫折的方法

中职生在学习、生活中总会遇到许多困难和挫折，具备“不经历风雨，怎能见彩虹”的心态，在困难和失意时自强不息，从容面对各种挑战，那么，挫折会成为成功的垫脚石。积极应对挫折的方法主要包括以下几种。

（一）正确认识挫折

每个人在成长的道路上难免会遇到各种各样的挫折。挫折是一柄双刃剑，只有正确认识挫折，了解挫折的普遍性和两面性，才能更好地促进自身成长和成熟。挫折普遍存在于每个人的生活中，人的一生会伴随各种各样的挫折。只有认识到这一点，中职生才能在遇到挫折时冷静面对、认真分析、正确应对，保持心理上的平衡，而不是一味地抱怨社会的不公和命运的坎坷。中职生还应认识到挫折积极的一面。“宝剑锋从磨砺出，梅花香自苦寒来”。挫折会给人以教益和启发，磨炼人的意志，催人奋进。

（二）学会正确归因

在日常学习、生活中，人们经常对自己的成功与失败进行归因分析。人们对成功与失败的归因可以从内外源、稳定性和可控性三个维度上进行。

（1）内外源。内外源包括内因和外因两个维度。内因是指人们将生活中大多数事情的结果归因于人的内部因素，他们相信自己的能力，相信通过努力能够影响事情发展的过程和结果；外因是指将生活中大多数事情的结果归因于外部力量。

（2）稳定性。稳定性是指当事人认为影响其成败的因素在性质上是否稳定、是否在类似情境下具有一致性，包括稳定性维度和非稳定性维度。

（3）可控性。可控性是指当事人认为影响其成败的因素在性质上是否能由个人意愿决定，包括可控性维度和不可控性维度。

对行为成败原因的分析可归纳为以下几种：能力，即个人根据自己的实际情况评估自己对该项工作是否胜任；努力，即

话题延伸

中职生是同龄人中的佼佼者，但要想成为社会的栋梁、时代的精英，必须树立远大的理想，并主动在实践中磨炼自己。只有这样，中职生才能获得驾驭未来的能力和克服困难的勇气，并最终取得事业上的成功。

个人反省、检讨在工作过程中是否尽力而为；任务难度，即凭个人经验判定该项任务的困难程度；运气，即个人认为此次成败是否与运气有关；身心状态，即在工作过程中个人身体及心情状况是否影响工作成效；其他因素，即在个人认为的成败因素中，除上述几项外，还有哪些人与事的影响因素（如他人的帮助或评分不公等）。

以上因素作为个人对成败归因的解释或类别，按各因素的性质分别纳入以下三个维度，见表 7-2。

表 7-2 成败归因类别在归因维度上的划分

归因类别	归因维度					
	稳定性		因素来源		控制性	
	稳定	不稳定	内在	外在	可控	不可控
能力	√		√		√	
努力		√	√		√	
任务难度	√			√		√
运气		√		√		√
身心状态		√	√			√
其他		√		√		√

由于归因方式不同，人们在面对挫折时的态度和行为方式也截然不同。内控倾向的人相信自己能够成功应对困难和挫折，因此会付出更大的努力，投入更多的精力，不断提高自身能力；外控倾向的人认为，事情的发展并非个人所能控制，他们在面对困难和挫折时往往推卸责任，不是通过努力寻求解决问题的方法，而是采取碰运气、等待援助等被动方式。

话题延伸

中职生要学会正确归因，只有对造成挫折的原因进行实事求是的分析，然后采取有针对性的应对措施，才能更有效地应对挫折。

（三）调整自我抱负水平

自我抱负水平是指一个人对未来可能达到的成功标准的心理需求，是指人们在

从事某种实际活动之前对自己所要达到的目标规定的标准。如果一个人对自己规定的标准高，那么他的自我抱负水平就高；如果一个人对自己规定的标准低，那么他的自我抱负水平就低。可见，自我抱负水平是自定的标准，是个人愿望，与个人的实际成就不一定相符合。影响抱负水平的因素有以下几点。

（1）成就动机。成就动机强的人追求成功的心理超过害怕失败的心理，因而其抱负水平较高；成就动机弱的人害怕失败的心理超过追求成功的心理，因而其抱负水平较低。

（2）成败经历。一个人抱负水平的形成，不仅取决于他对未来成功或失败的预测，而且取决于他对过去的成功或失败的评价。成功的经历使人更加自信，可以提高一个人的抱负水平；失败的经历可能降低一个人的自信心，导致其抱负水平降低。

（3）外界条件。父母、老师、朋友、上级的期望，社会风气、团体氛围等都影响个人的抱负水平。

（4）目标接近程度。一个人距离目标越近，通过付出努力达到目标的可能性就越大，此时更容易提高个人的抱负水平。

一般而言，自我抱负水平直接影响个人的学习和工作效果。一个抱负水平较高的人往往对自己的要求也较高，因而其学习、工作的效果较好；一个抱负水平低的人对自己的要求低，缺乏积极性、主动性，因而其学习、工作的效果较差。但是，个人的自我抱负水平必须建立在对自己实际能力正确认知的基础上，如果一个人对自己抱负水平的认知总是高于自己的实际能力，就很难达到预期的目标，很容易遭受挫折。

在现实生活中，不少中职生在学习等方面遭受的挫折都与自我抱负水平的确立不当有关。因此，中职生必须学会根据自己的实际能力确立适宜的抱负水平，并在前进过程中及时调整自己的目标。如果在目标实施过程中发现自己设定的目标不切实际，就要及时调整目标，以便继续前进。对那些远大目标，中职生要把它

话题延伸

中职生在确立自我抱负水平时应注意把自己的目标与客观环境条件、社会利益等因素综合加以考虑，这样才能取得自身的成功和有益于社会的成就。

分解成近期目标、中期目标和远期目标，并有计划地完成。例如，对于考专升本，中职生可以由易到难给自己设定目标，在受到挫折后要及时调整目标，改进方式或方法。这样既可以在成功中体验到愉快和满足，逐步提高自信心，又能在失败、挫折中不断总结经验与教训，最终战胜挫折、取得成功。

（四）合理宣泄内心的挫折感

挫折感憋在心里只会越积越多，达到一定阈值后就使人无法承受，因此中职生必须善于寻找合理的途径宣泄。

（1）哭泣宣泄。从医学的角度讲，短时间内的痛哭是释放不良情绪的最好方法，是心理保健的有效措施。哭泣可以帮助人消除紧张、烦恼和痛苦，哭泣过后，人的情绪能够得到很好的放松。但要注意哭的时间不能过长或遇事就哭，那样反而会增加不良情绪体验。

（2）倾诉宣泄。倾诉是心理调节的最广泛、最有效的运作方式。将自己的委屈坦率地说出来，能使自己慢慢地感到踏实，帮助自己减轻可能形成的压力。但要注意选择适当的对象，切忌不顾对象、场合。例如，中职生可以找老师、亲近的人或最好的朋友等倾诉。

（3）运动宣泄。进行体育运动不仅可以使人得到锻炼，还可以使人的情绪得到改善，摆脱情绪困扰。

（4）书写宣泄。书写可以使自己与自己的情感世界联系起来，能完全充分地表达情感，将压抑的情感发泄出来，从而得到解脱。

（五）培养坚强的意志力

意志是指人有意识、有目的、有计划地调节和支配行为的心理过程。意志是人的意识能动性的集中体现，是人类特有的心理现象。意志力是指人们自觉地确定目的并根据目标支配、调节行动，克服困难，实现目标的品质。培养坚强的意志品质的方法在于培养个体的自觉性、果断性、坚韧性和自制力。

（1）培养自觉性。自觉性是指个体在行动中具有明确的目的，能够自觉地根据客观规律去行动，从而实现预期目标。这种品质体现了一个人的正确观点和坚定信念。具有自觉性品质的人往往表现出积极主动和乐观自信的态度，也容易发展成具有高度社会责任感和义务感的人。

（2）培养果断性。果断性是指个体在行动中遇到意外情况时能经过深思熟虑做出正确判断，并迅速做出正确的决策，使行动得以顺利进行。这就是说，具有果断性的人不仅会深思熟虑，还会迅速决断，易发展成为具有明辨是非、把握机遇、当机立断能力的人。

（3）培养坚韧性。坚韧性是指个体在行动中能够持之以恒、坚持到底，在困难面前毫不畏惧、百折不挠。具有坚韧性品质的人拥有充沛的精力和坚韧不拔的毅力，具备较好的耐挫力、持久力，勇于挑战困难，在困难面前能够保持坚韧不拔的品质。

（4）培养自制力。自制力是指个体自觉地控制和调节自己的情绪，约束自己的言行。具备自制力的人，能够迫使自己排除干扰，坚决执行决定。俗话说，“有志者事竟成”，中职生在日常的学习生活中要从认知、情绪、意志等方面磨炼和提高自己。

话题延伸

在遇到挫折时，中职生要自觉地控制、调节自己的情绪和行为，积极面对现实，找出失败的原因，调动自身所有潜能来应对困难，直到目标实现。

第四节　远离校园欺凌与暴力

一、校园欺凌的含义、类型和危害

（一）校园欺凌的含义

欺凌是作恶者以羞辱和伤害他人为目的，故意或蓄意对他人做出攻击性的、恶毒的或侮辱性的行为，并从他人遭受的痛苦或不幸中获得快乐。欺凌常常以持续不断的、反复进行的形式呈现，可以发生在语言层面、身体层面、关系层面。欺凌涵盖的内容极广，涉及种族、信仰、性别、性征、性别认同、性取向、身体能力或心智能力、体重、过敏物或社会地位等因素。这些内容的叠加会对被欺凌者造成更严重的影响和更残忍的伤害。

2016 年 4 月 28 日，《国务院教育督导委员会办公室关于开展校园欺凌专项治理的通知》下发，该通知将校园欺凌定义为“发生在学生之间蓄意或恶意通过肢体、语言及网络等手段，实施欺负、侮辱造成伤害”的事件。该定义强调了校园欺凌的五个要素：学生之间、恶意动机、多种手段、实施侮辱、造成伤害。用这五个要素对校园欺凌进行界定与国际上的通行界定大体一致。

2017 年，教育部等 11 部门联合印发的《加强中小学生欺凌综合治理方案》对中小学生欺凌做了明确的定义：“中小学生欺凌是发生在校园（包括中小学校和中等职业学校）内外 、学生之间，一方（个体或群体）单次或多次蓄意或恶意通过肢体、语言及网络等手段实施欺负、侮辱，造成另一方（个体或群体）身体伤害、财产损失或精神损害等的事件。”其中特别强调的要素有三个：① 主体，学生之间。② 形式，单次或多次蓄意或恶意通过肢体、语言及网络等手段实施欺负、侮辱。③ 后果，身体伤害、财产损失或精神损害等。

校园欺凌发生率越来越高的原因

（1）关注度不够。一直以来，人们对校园欺凌的关注不多，研究较少，甚至对校园欺凌概念的界定都不清楚，很多研究将校园欺凌和校园暴力混淆在一起。

（2）社会原因。长期以来，人们普遍对校园欺凌现象缺乏认识，并且没有意识到校园欺凌会给学生带来负面影响。发生在学生之间的欺凌事件很容易被人们看作“闹着玩儿”，只有事件性质极为恶劣或造成较为严重的身体伤害时，才会被重视并得到处理。

（3）家庭原因。中小学生大多为独生子女，很多孩子在成长过程中缺乏必要的和同龄人互动的机会，而在成长的过程中与同龄人的各种互动是提升人际交往能力的重要方式。此外，家庭内部矛盾过多，夫妻间的争吵过多，对孩子的教育更倾向于选择简单、粗暴的方式，如更多的责备、惩罚，都会给孩子带来一定的心理压力，影响孩子的情绪，进而促进校园欺凌事件的增加。

（4）对学习成绩过度关注。在许多家长的观念里，学习成绩优异的学生才有更好的未来。因此，许多家长往往更重视孩子的学习成绩，而忽视孩子社交

能力的培养。社交能力的缺失很容易让孩子卷入校园欺凌事件，或者成为受害者，或者成为欺凌者。

喜欢欺负他人的人总是倾向于捉弄那些看起来不够自信的学生。

（二）校园欺凌的类型

校园欺凌的方式和类型常因与普通的玩笑、打闹、推搡等玩耍行为难以区分而难以判断。根据诸多案例的分析结果，"被欺凌者受到严重精神痛苦"是判定欺凌事件的最重要标志。欺凌主要包括肢体欺凌、言语欺凌、社交欺凌、网络欺凌、财物欺凌和性欺凌，见表 7-3。

表 7-3　校园欺凌的类型

类型	内容说明
肢体欺凌	这是所有欺凌类型中最容易辨识的一种。欺凌者主要利用身体动作直接攻击他人。肢体欺凌的方式主要包括殴打、推挤、吐口水等
言语欺凌	这是所有欺凌类型中最容易发生，且不易发现的一种。欺凌者主要通过口头语言方式直接攻击被欺凌者，如取侮辱性绰号、辱骂、讥讽、嘲弄、恐吓等
社交欺凌	社交欺凌常发生在关系密切的学生之间，如同一小组、同一社团、同一宿舍等。欺凌者多通过与其他人共同排挤、孤立被欺凌者，使其被排挤在团体之外。这一类型的欺凌多伴随言语欺凌（如散布谣言、说坏话等）
网络欺凌	网络欺凌主要通过QQ、微信、电子邮件、聊天室等多元网络媒介散播伤害被欺凌者的言论、图片或视频等，使被欺凌者重复地在更大范围受到围观，从而对其造成更大、更深的精神痛苦
财物欺凌	财物欺凌一方面是指欺凌者通过损毁被欺凌者的文具、衣服等物品达到凌辱对方的目的，另一方面是指欺凌者通过向被欺凌者索要钱财达到获得优越感的目的。无论是损毁对方物品，还是强迫对方向自己交钱，都会给被欺凌者造成很深的精神痛苦
性欺凌	性欺凌不同于性犯罪，是指以性或身体特殊部位为取笑、嘲弄对象，或拍摄、散播、描写令被欺凌者不舒服的与性相关的图片、影像及文字等，或强迫摩擦、攻击被欺凌者身体的特殊部位等行为。此种行为给被欺凌者造成的精神痛苦非常严重

注：上述六种类型欺凌描述的是欺凌的形式和手段，欺凌者都是通过这些形式和手段使被欺凌者感受到精神痛苦。

（三）校园欺凌的危害

学生欺凌事件不仅给被欺凌者造成巨大的精神痛苦和伤害，还给欺凌者和围观者造成难以磨灭的心理伤害。

1. 对被欺凌者的危害

欺凌行为使被欺凌者遭受严重的精神创伤和生理、行为不良反应。多数被欺凌者会出现紧张、焦虑、难过、害怕等不良情绪反应，出现头痛、肚子痛、尿床、抽搐、失眠、做噩梦、口吃等不良生理反应，出现少言寡语、孤独、逃学、自伤、自残等不良行为反应。严重者可能导致自杀行为。

2. 对欺凌者的危害

欺凌行为易助长欺凌者的攻击性倾向，导致欺凌者形成攻击性、破坏性等不良人格，阻碍其与同学的正常交往，久而久之使其产生孤独、焦虑等消极情绪，增加其反社会行为发生的可能性。有追踪调查显示，中小学时期的欺凌者进入社会后，其犯罪概率高于平均水平。

3. 对旁观者的危害

欺凌事件中的围观者也是欺凌行为的受害者。无论是哪一类型（协助、附和、旁观）的围观者都会因受到欺凌行为的刺激而产生不良的心理反应。即便没有参与直接围观的学生，也会因听到事件的过程或看到欺凌的视频、图片而受到不良影响。有的学生会以某种方式推动甚至效仿欺凌行为。

4. 对学校氛围的危害

欺凌对学校文化环境的消极影响是显而易见的。欺凌现象的存在与创建和谐文明的校园环境相冲突，影响正常教学秩序，使学校对部分学生来说成为一个不安全的地方，导致学生对学校产生消极态度和行为，失去学习兴趣，影响全校的风气。

话题延伸

欺凌行为的发生会对家庭和社会产生较大的负面影响，破坏家庭环境，危害社会安定，形成不良的社会风气。

二、校园暴力的含义与危害

（一）校园暴力的含义

校园暴力是指给学校师生的生命或财产造成伤害、损毁或严重威胁的事件。如果说学生欺凌主要是通过各种攻击手段达到给对方造成精神痛苦的目的，那么校园暴力就是以直接伤害他人的身体或损毁对方的财物为目的的攻击事件。

> **话题延伸**
>
> 发生在学生中间的抢劫同学的低价值用品或玩具之类的事件，由于情节、性质、后果均不严重，属于轻微型校园暴力，通常不列入校园暴力事件，只是做出相应处理，如批评教育、令其写保证书、要求家长配合教育等。

一般来说，校园暴力造成的后果和影响大于校园欺凌，但人们在泛化校园暴力的同时常常“窄化”校园暴力行为的范围。例如，年龄大的学生或社会青年在校外对学生拦截殴打，多数情况是为了抢劫数目很小的钱财，包括抢劫手机、游戏机、书包，甚至围巾、口罩等小物品。此类事件均属于校园暴力事件，但其危害水平是低于校园欺凌行为的。对校园暴力泛化和窄化的界定，不利于区分校园欺凌与校园暴力，不利于分别制定有针对性的防治措施。校园暴力主要指以下三类事件。

（1）对师生人身造成伤害的事件。

（2）对师生及学校财产造成损坏的事件。

（3）对师生生命安全构成威胁的事件。

（二）校园暴力的危害

1. 对人身造成伤害

校园暴力直接对教职工和学生身体造成伤害。这主要包括学生之间严重的打架斗殴、教职工打伤学生、学生打伤教职工、家长打伤教职工、家长打伤其他学生、校外人员打伤校内师生等一切人为的、给教职工和学生的身体造成伤害的严重暴力事件。

打架斗殴是典型的暴力行为，是指两人之间或多人之间的、以伤害对方的身体为目的的暴力事件。这主要包括超出一般打闹玩耍范畴的、以给对方造成伤害为目的并确实造成严重伤害后果的学生之间的打架，也包括校外社会人员与学生之间的群体性打架，还包括师生之间、家长与师生之间的动手或持械伤人事件。其中性质比较恶劣、后果比较严重的是那些团伙间的械斗，俗称打群架。有校外社会人员参与的团伙械斗往往造成极其严重的伤残后果。

此外，复仇性暴力也是典型的对人身造成伤害的校园暴力行为，包括当弱势一方因长期遭受欺凌而积累仇恨，采取极端复仇手段给对方造成严重伤害的事件，也包括因在前次的暴力事件中感到“吃了亏”而精心计划复仇的伤害事件，以及其他采用暴力报复手段的伤害事件。此类暴力事件的施害方比受害方势弱，故事件中的施害方往往做了长期准备，有计划地使用器械发起突然袭击，以达到伤害对方的目的。施害方使用的器械和物品有枪支、刀具、电击器、催泪器、伸缩棍、爆炸物、毒药等。复仇性暴力造成的伤害通常都是非常严重的。

2. 对财产造成损毁

校园暴力直接对学校的设施设备和师生的个人财产造成损毁。这主要包括使用各种暴力手段蓄意或报复性地破坏学校设施、学校建筑、教学设备或师生个人财物的恶性事件。此类暴力事件常常使用相应的器械，如刀具、棍棒、爆炸物、引火器等。

3. 对生命构成威胁

校园暴力中的以下行为对生命构成威胁。

（1）违反法规携带管制器械到学校的行为。这些器械包括枪支弹药、刀具、电击器、催泪器、伸缩棍等《中华人民共和国治安管理处罚法》等相关文件明文规定禁止携带的危险器具。

（2）违反法规携带危害未成年人身心健康的毒品到学校的行为。这些毒品包括麻醉类药品和精神类药品，前者如鸦片、吗啡、海洛因、大麻浸膏、可卡因等，后者如各种致幻剂、镇静剂及巴比妥类药品等。

（3）违反法规携带可立即致人死亡的剧毒物质到学校的行为。如将氰化钾、砒霜、剧毒农药等物品带入校园，会带来难以控制的安全隐患，给学校师生造成生命安全的严重威胁。

三、校园欺凌和校园暴力的预防措施

应提高全体师生对校园欺凌和暴力的认识，培养全校师生发现潜在的校园欺凌和暴力因素的能力，“防患于未然”，构建无欺凌校园。学校可以通过以下方式对校园欺凌和暴力进行有效预防。

（一）提高校园欺凌和暴力的认识

预防校园欺凌和暴力事件最有效的方式是学校提升师生对校园欺凌和暴力的认识，发自内心地反对校园欺凌和暴力行为，增强学生的法律法规意识。提高全体师生对校园欺凌和暴力的认识，主要通过学校活动、师生培训和家校合作等途径来实现。学校可开展以下活动。

（1）开展“无欺凌校园”建设活动，举办“反学生欺凌”学校文化周，通过戏剧演出、音乐表演传播反校园欺凌和暴力的思想。

（2）加强反校园欺凌和暴力的学生培训，通过举办谈话会、研讨会、专题演讲等对学生展开培训；通过班会或反校园欺凌活动课程与艺术表演等形式对学生开展培训。

（3）学校通过宣传普及法律知识，提高学生对违法犯罪后果的认识，知晓校园欺凌和暴力行为是一种违法行为。

（二）培养发现潜在校园欺凌和暴力因素的能力

在全校师生认识并意识到校园欺凌和暴力问题严重性的基础上，学校还需要培养全校师生发现可能演变为校园欺凌和暴力的潜在因素的能力。具体来说，学校一方面应较多地关注一些可能卷入校园欺凌和暴力事件的学生，另一方面要细心发现一些可能发展成校园欺凌和暴力的冲突与矛盾，列举如下。

（1）关注班级中的“小群体”“小团体”“小帮派”等。

（2）关注弱势学生和特殊家庭学生群体。

（3）关注班级中乐于表现的学生、有一定影响力的学生、争强好胜的学生、“小霸王”等。

（4）关注学生间不经意的、带有侮辱性的外号和辱骂行为。

（5）关注学生间的小矛盾、小冲突及彼此间的嫉妒等。

（三）计划并构建“无欺凌校园”

只有构建“无欺凌校园”，学校才能有效预防校园欺凌和暴力。“无欺凌校园”由和谐的、平等的、友善的校园文化和校园环境构成。“无欺凌校园”是学校预防校园欺凌和暴力的终极目标。学校构建“无欺凌校园”需要做好以下几个方面的工作。

话题延伸

预防校园欺凌和暴力最重要的是做到“防于未萌”，即将校园欺凌和暴力事件消除在萌芽状态，彻底遏制校园欺凌和暴力事件的发展。

（1）制定完整的防治校园欺凌和暴力的具体措施，明确各项措施的流程与内容。

（2）加强学生的日常德育工作。

（3）开发调查工具，周期性地进行校园欺凌和暴力情况的摸底调查。

（4）开展反校园欺凌和暴力的学生活动，如学校开放日、学生戏剧表演等。

（5）建立学生心理健康档案，定期对学生进行心理状况的测量与干预。

科学调节情绪，驱散心中阴霾

雅安市第四人民医院有这样一支队伍，他们的存在是为了拯救患者受伤的心灵，并让他们重拾健康和快乐，这就是该医院的心理危机干预小组。

◎守护健康，心理危机干预介入

2020年年初，在新型冠状病毒肺炎疫情发生后，无数医护人员走上抗击疫情的第一线，雅安市第四人民医院心理危机干预小组的医护人员也不例外，但不同于其他医护人员的治病救人，他们要做的是为患者“治心”。

在疫情发生后，该医院在第一时间成立了心理危机干预小组，小组从新冠肺炎确诊患者（住院治疗的重症及以上患者）、疫情防控一线医护人员、疾控人员和管理人员开始，逐步开展心理危机干预工作。在疫情期间，雅安市第四人民医院心理干预小组分批、多次赴全市8个县区的17个隔离观察点，对新冠肺炎患者和情绪不稳定群众及医护人员开展全覆盖心理危机干预。

◎及时救治，不容忽视的“大”问题

“曾经有一位患者，因为遭遇事故，所有亲人全部遇难。一开始，我们只能24小时守着这位患者，怕他出现过激的行为。”刘国惠说，若没有及时进行心理疏导和心理危机干预，那么他很有可能会出现严重的后果。如果遇到的心理危机过于严重，超过了个人的心理承受极限，而持续时间又过长，就会导致人体因负面情绪过重而使免疫力降低，从而出现特殊时期的非理性行为。

对个人而言，心理危机轻则危害个人健康、增加患病的可能，心理危机重则会出现强烈的攻击性和严重的精神损害。对于社会而言，一些人的心理危机若没有及时干预，便会冲击和妨碍其正常的社会生活。

◎积极应对和自我调节，走出困境

“人的一生中遭遇创伤事件是不可避免的。”刘国惠说，在日常生活中，我们应该加强心理素质锻炼。在此，刘国惠介绍了一种锻炼心理的小技巧，叫作“正念”，这是一种自我调节的方法，即通过放松身心让人把注意力集中到自身当下，有目的、有意识地关注和觉察当下的一切，而对当下的一切都不做任何判断、分析和反应，只是单纯地觉察它和注意它，从而获得心理上的宁静。

资料来源：鲁妮娜：《科学调节情绪　驱散心中阴霾》，《雅安日报》，2021年1月19日第6版。（收入本书时略有改动）

模块训练

情绪放松训练

训练目标：优化健康素养。

训练内容：学会管理身心健康，通过测评健康素养制订体育锻炼计划，学会放松情绪，从而管理好情绪、身心。

紧张、焦虑等消极情绪不但会降低人的工作和学习效率，而且会使人血压升高、心跳加快、头痛和失眠。人们可以通过各种放松训练抑制紧张的生理和心理反应，减轻紧张、焦虑的情绪。放松训练的方法很多，主要有全身肌肉放松训练、深呼吸放松训练和想象放松训练等，见表7-4。

表 7-4　常见的放松训练

训练内容	训练解读
全身肌肉放松训练	训练者选择一个安静且不受干扰的地方，躺着或坐着，闭上双眼，减少意识活动，把注意力从一块肌肉转移到另一块肌肉，自然而然地放松，体会肌肉先紧张再松弛的感觉。训练者每天要练习1～2次，每次20分钟，每块肌肉收缩5～8秒后放松20～30秒
深呼吸放松训练	深呼吸具有解除精神紧张、压抑、焦虑和疲劳的作用。深呼吸放松法简便易行，不受场所、时间等的限制，行、坐、站、卧都能进行。在进行深呼吸放松训练时，训练者的呼吸应尽可能慢而深，首先用鼻子慢慢地吸气，使新鲜空气进入腹部的丹田，然后缓慢地呼气。呼吸时全身放松，体会腹部的上下起伏，将注意力集中在呼吸时的气息及通过的身体部位上。训练者每天要练习1～2次，每次5～10分钟，1周或2周后可以将练习时间延长至20分钟
想象放松训练	训练者可通过想象现实生活中的挫折情境使自己感到紧张、焦虑，并学会在想象的情境中放松自己，从而达到克服不良情绪的目的。在想象放松训练中，训练者首先要学会有效地放松，然后把挫折事件按紧张的等级由低到高排列出来，制成等级表，再依据等级表由低到高逐步进行想象放松训练。在进行想象放松训练时，要求训练者想象的情境必须是生动的和真实的，训练者在这一情境中可以分辨出声音、气味、色彩、图像等。如果一个人能在想象中逐步消除紧张、焦虑的情绪，就能在日常生活中应对同样的问题

自我评价

心态决定命运，有什么样的心态就会有什么样的人生。阳光心态是一种积极、宽容、感恩、乐观和自信的心智模式。具备阳光心态，可以使人深刻而不浮躁、谦和而不张扬、自信而又亲和。请根据表 7-5 中的阳光心态衡量内容对自己进行客观评价，在对应处标识“√”。

表 7-5 阳光心态衡量表

衡量内容	评价结果	
	是	否
1.相信自己，正确地认识、评价自己，准确地把握、驾驭自己；挖掘自身的优点，肯定自己的能力，发挥自己的特长，相信通过自己的努力能克服种种困难，实现人生目标		
2.对社会和他人持包容态度，真诚地善待他人，宽容他人；凡事豁达一点，在非原则性的小事上做点让步，对他人的缺点、错误多点宽容		
3.勇于付出、甘于奉献，积极快乐，获得成就感和幸福感		
4.制定一些符合实际的人生目标，量力而行，不可有过高的期待和幻想，不要过于计较眼前的得失；只要竭尽全力为实现目标而努力，无论结果怎样都应坦然接受		
5.面对困难有勇气去克服；控制自己的情绪，提高自己的情商；心胸大度，不纠结，多从好的一面考虑问题		
6.对哺育、培养、教导、帮助、支持自己的人心存感激，并用实际行动予以回报；怀有感恩的心，对他人、对环境少一些挑剔、多一些欣赏和感激		
7.对现在已经拥有的应知足、珍惜，凡事努力就好，知足常乐，珍惜得到的，克服欲望		
8.用高度的热情对待生活、工作，对人、对事由衷地热爱		
9.勇于承担责任，做一个负责任、敢担当的人，对待工作尽职尽责		
10.制定明确的人生目标，忠实自己的目标，无论遇到多少困难、挫折和诱惑都要坚定不移地迈向目标；不断地挑战自己、充实自己，丰富自己的业余生活		
11.努力让自己做得更好，勇于反思自己，追求无止境；对待每件事都抱有精益求精的态度，努力战胜自己，追求卓越		

参考文献

References

[1] 白有林，柯婷，陈莹. 创新思维导引［M］. 武汉：华中科技大学出版社，2021.

[2] 陈承欢，陈秀清，彭新宇. 职业素养诊断与提高［M］. 2版. 北京：电子工业出版社，2022.

[3] 管小青. 职业素养入门与提升［M］. 北京：电子工业出版社，2021.

[4] 李艳，霍彩英. 中职生入学教育读本［M］. 北京：中国人民大学出版社，2019.

[5] 刘辉. 职业素养训练［M］. 北京：机械工业出版社，2020.

[6] 黄国昌. 匠心筑梦：中职生工匠精神［M］. 天津：天津科学技术出版社，2022.

[7] 戚心洁，孙立. 心理健康十二讲［M］. 北京：北京邮电大学出版社，2021.

[8] 人力资源社会保障部教材办公室. 工匠精神［M］. 北京：中国劳动社会保障出版社，2019.

[9] 肖长和，姜涛，赵俊峰. 中职生入学教育［M］. 北京：中国人民大学出版社，2021.